Die Kurzgeschichten spielen hauptsächlich in bekannten Regionen, doch bleiben die Geschehnisse reine Fiktion. Die Figuren dieser Kurzgeschichten sind frei erfunden. Ähnlichkeiten mit lebenden oder verstorbenen Personen sind nicht beabsichtigt und wären rein zufällig.

Bibliografische Information der Deutschen Nationalbibliothek
Die Deutsche Nationalbibliothek verzeichnet diese Publikation in der Deutschen Nationalbibliografie; detaillierte bibliografische Daten sind im Internet abrufbar über https://www.dnb.de

www.niemeyer-buch.de

Umschlaggestaltung: C. Riethmüller
Der Umschlag verwendet Motiv(e) von 123rf.com
Druck und Bindung: Zimmermann Druck + Verlag GmbH, Balve
Printed in Germany
ISBN 978-3-8271-9331-5

Spannende Geschichten
aus Hannover

von Susanne Schieble

Inhalt

Ihr Kinderlein kommet

„Kaschperl, wo bist du?“

Gesine fuhr sich durch ihre dunkelbraunen Haare, wickelte sich eine ihrer kurzen Locken um den Finger und seufzte. Den ganzen Tag ertönte der Ruf nach dem Kasperl zu ihr ins Büro. Genau unter ihrem Fenster war das Kasperltheater des Weihnachtsmarktes aufgebaut worden. Sie kannte inzwischen alle Stücke auswendig. Das obligatorische Rufen nach der Hauptfigur war in jeder Aufführung vorhanden. Mehrfach.

Das war natürlich nicht der einzige Lärm, der vom Weihnachtsmarkt in ihr Büro im Alten Rathaus drang, das über das Jahr wunderbar ruhig und ein Hort der Gelassenheit und konstruktiven Arbeit war. Gesine war als Eventmanagerin des Alten Rathauses hohem Stress ausgesetzt, umso wichtiger war es für sie, dass sie sich in ihrem Büro auf ihren Job fokussieren und alles andere ausblenden konnte. Das funktionierte auch sehr gut, nur die letzten fünf Wochen vor Weihnachten war es aufgrund des Lärmpegels vor dem altehrwürdigen Gebäude schwierig. Der Weihnachtsmarkt an der Marktkirche erstreckte sich nun einmal bis zum Alten Rathaus und war einer der beliebtesten der Stadt. Insofern war buchstäblich die Hölle los. Während am Nachmittag die Familien mit Kindern die Angebote genossen, waren es am Abend die Freundes- und Frauengruppen mit blinkenden Nikolausmützen auf dem Kopf, Arbeitskollegen, die nach Büroschluss einen heben, und Reisegrüppchen aus dem Umland, die in der niedersächsischen Landeshauptstadt etwas erleben wollten.

Wieder seufzte Gesine. Ausgerechnet in der Adventszeit war der Stress noch etwas mehr als sonst, denn viele Firmen und Institutionen führten große Veranstaltungen und Weihnachtsfeiern durch, für die das Alte Rathaus den passenden Rahmen bildete. Sie waren bis Weihnachten voll ausgebucht und hatten alle Hände voll zu tun. Nicht nur Gesine, auch ihre Kollegen arbeiteten bis zum Anschlag und machten Überstunden. Sie sehnte sich daher nach der ruhigen Zeit an den Feiertagen und zwischen Weihnachten und Neujahr. Sie würde zu ihrer Schwester und ihrem Schwager an die Mosel fahren. Besonders freute sie sich auf ihre Nichte. Die dreijährige Felicitas war einfach zuckersüß und warf sich vor Freude in ihre Arme, wann immer „Tante Gesi“ es schaffte, sich ein paar Tage loszueisen und die kleine Familie zu besuchen.

Gesines Blick streifte liebevoll das Bild eines jungen Mädchens auf dem Schreibtisch. Sie hatte keine eigenen Kinder, sodass die Kleine für sie etwas ganz Besonderes war, fast wie ein eigenes Kind. Große blaue Augen und kleine Milchzähnchen strahlten sie an, eine freche, blonde Haarlocke hatte sich in die Stirn gemogelt. Die Eventmanagerin, die in ihrem Beruf so tough sein musste, lächelte. Gott, wie sehr sie dieses Kind liebte!

Großes Geraune, Gelächter und anschließender Applaus rissen sie aus ihren Gedanken. Das Stück des Puppentheaters, das vor ihrem Fenster aufgeführt wurde, war anscheinend wieder einmal zu Ende: Der Gendarm hatte den Räuber mit der pfiffigen Hilfe des Kaspers und natürlich der Kinder gefasst.

In zehn Minuten ging alles wieder von vorne los.

Gesine beugte sich tiefer über das Angebot, das sie für eine Veranstaltung im Januar erstellen musste, und gab Zahlenkolonnen in den Computer ein.

Da wurde die Tür mit einem Ruck aufgerissen und ihre junge Kollegin Alissa stürmte herein. Rotblonde, halblange Locken wippten zu ihrem temperamentvollen Gang im Takt.

„So, Frau Neugeschwendter, ich habe alles erledigt!“, stieß sie aus, knallte einen Stapel Akten mitten auf Gesines Schreibtisch und auf ihre Kostenkalkulation und grinste schelmisch.

Gegen ihren Willen grinste Gesine zurück. Sie mochte ihre burschikose Kollegin, die zwar laut und oftmals sehr anstrengend war, aber sehr gute Arbeit verrichtete und mit ihrer guten Laune frischen Wind in die Abteilung gebracht hatte.

„Gut, Frau Willes. Machen Sie Schluss für heute, es ist ja schon spät“, sagte Gesine, nahm die Akten von ihrer Kalkulation herunter und legte sie an die Seite. Der sehnsüchtige Blick der jungen Kollegin durch das Fenster nach draußen war ihr nicht entgangen.

Alissa Willes sah sie erstaunt, aber mit einem freudigen Ausdruck in den Augen an.

„Wirklich?“, fragte sie hoffnungsvoll. „Aber wir haben noch so viel zu tun, und morgen ist die riesige Veranstaltung oben im Festsaal und …“

Gesine winkte ab. „Ach was, die ist doch vorbereitet und wird laufen, wenn wir alle zusammen anpacken und morgen früh alle pünktlich da sind. Machen Sie sich einen schönen Abend!“

„Danke, Frau Neugeschwendter, mache ich“, strahlte Alissa Willes, drehte sich mit Schwung um, dass die Locken flogen, hielt dann aber noch einmal inne und sah Gesine mit zerknirschtem Gesicht an.

„Und Sie?“, fragte sie zaghaft. „Wann machen Sie Schluss? Ich mein, Sie müssen sich ja auch mal erholen.“

„Ich mache noch das Angebot fertig, dann gehe ich auch nach Hause“, lächelte Gesine und wedelte mit den Armen. „Und nun ab mit Ihnen, bevor ich es mir anders überlege!“

Das ließ sich die junge Frau nicht zweimal sagen. Sie verabschiedete sich so schnell, dass Gesine der Verdacht kam, Alissa habe Angst, sie könne es sich tatsächlich anders überlegen.

Wieder lächelte sie. Sie beneidete die junge Kollegin um ihre Jugend und ihre Lebensfreude, aber sie gönnte es ihr auch. Arbeit musste sein, aber sie sollte auch ihr Leben genießen, nichts ließ sich wiederholen oder aufschieben, auch wenn viele Menschen genau das glaubten. Niemand wusste das besser als sie.

Nein, keine Erinnerungen jetzt, keine Wehmut, keine traurigen Gedanken. Gesine hatte gelernt, mit eiserner Disziplin die dunklen Stimmungen, die sie, immer seltener zwar, aber dann und wann immer noch, befielen, zurückzudrängen. Ganz ausbleiben würden sie wohl nie.

„Kaschperl, wo bist du?“

Gesine stöhnte. Sie kam sich vor wie Bill Murray in dem Film „Und täglich grüßt das Murmeltier“.

Sie vertiefte sich in die Unterlagen. Stille hatte sich über das Gebäude gelegt, nach und nach hatten die Mitarbeiter Feierabend gemacht und das Alte Rathaus verlassen. Wahrscheinlich waren nur noch der Wachdienst und der eine oder andere Techniker im Haus. Eine Veranstaltung hatten sie heute als einzigen Tag in der Vorweihnachtszeit ausnahmsweise nicht. Diese stillen Stunden am Abend mochte Gesine ganz besonders. Wenn der Trubel des täglichen Geschäfts nachließ, konnte sie sich am besten konzentrieren und ohne Unterbrechungen arbeiten. Nur das Gegröle und natürlich das Kasperltheater störten sie im Moment. Sie versuchte, beides so gut es ging auszublenden.

Plötzlich vernahm sie ein leichtes Klappern. Es hörte sich an wie ein Türschlagen. Es war ganz leise, aber Gesine war so vertraut mit den Geräuschen in dem alten Gebäude, dass sie es sofort einordnen konnte. Es war die Tür des Lieferanteneingangs. War sie denn nicht verschlossen? Die Mitarbeiter hatten strikte Anweisung, sie abzusperren, denn sonst passierte genau das, was nicht passieren sollte, gerade jetzt in der Adventszeit: Unbefugte verschafften sich Zutritt, meistens Betrunkene auf der Suche nach einer Stelle, wo sie ihre Notdurft verrichten konnten. Zugleich wurde ihr bewusst, dass sie den obligatorischen Ruf „Kaschperl, wo bist du?", das Gejauchze der Kinder, das Schreien und Grölen und das beständige Gesumme der Stimmen der Weihnachtsmarktbesucher schon eine ganze Weile nicht gehört hatte. Eine unheimliche Stille hatte sich nicht nur über das Alte Rathaus, sondern auch über den Platz gesenkt.

Gesine sprang auf und spähte aus dem Fenster. Sie sah Menschen mit ernsten weißen Gesichtern, die in der Dunkelheit zu schweben schienen. Sie standen wie erstarrt vor dem Kasperltheater, hell erleuchtet von den Buden ringsum, aber das Dach des Theaters verwehrte Gesine die komplette Sicht auf das Geschehen. Auch nahm sie ein bläuliches Blinken von Einsatzfahrzeugen wahr. Warum hatte sie keine Sirenen gehört? Sie musste wirklich sehr in ihre Arbeit vertieft gewesen sein. Gesine wusste, dass ihr das manchmal passierte. Wenn sie extrem fokussiert war, nahm sie nichts mehr um sie herum wahr.

Ein weiteres Mal vernahm sie ein Geräusch, und sie wandte sich abrupt vom Fenster ab. Es war ein Schlurfen, als wenn etwas über den Boden gezogen wurde. Gesines Körper wurde von einer Schockwelle überschwemmt. Sie stand stocksteif und lauschte. Da, da war es wieder! Ein Scharren, als ob … Gesine wagte nicht weiterzudenken. Es hörte sich an wie ein Körper, der über den Boden geschleift wurde. Da kam Leben in sie, und sie war mit zwei Schritten an ihrem Telefon und hatte den Hörer

in der Hand. Der Sicherheitsdienst! Sie musste den Sicherheitsdienst informieren, er würde bestimmt …

„Legen Sie den Hörer auf, Lady, sofort!", ertönte da eine schnarrende Stimme von der Tür her. Gesines Kopf ruckte hoch. Da stand ein Mann, nein, er lehnte schwer atmend gegen den Türrahmen und sah sie aus blutunterlaufenen Augen von unten nach oben an. Ihre Blicke trafen sich. Da war etwas in den Augen des Mannes …

Ihr gefror das Blut in den Adern. Entschlossenheit las sie, aber noch etwas anderes. Verzweiflung und eine Spur von Angst. Sie ahnte, dass diese Kombination von Empfindungen den Mann unberechenbar machen würde. Was sie aber noch mehr überzeugte, den Hörer ganz langsam zurückgleiten zu lassen, war die Waffe, die er in der Hand hielt und auf sie richtete. Sie sah riesig aus und gefährlich, ein gefräßiges, schwarzes Monster, dessen Maul genau auf sie zeigte.

Gesine konnte sich nicht bewegen, konnte auch nicht den Blick von der Mündung der Waffe abwenden. Der Mann machte eine ganz kleine Bewegung mit ihr und befahl gleichzeitig: „Kommen Sie von dem Schreibtisch weg, ganz langsam. Hier rüber."

Zögernd kam sie der Aufforderung nach, sie fühlte sich wie eine Marionette, der man die Fäden durchgeschnitten hatte. Mechanisch bewegte sie sich auf den Mann zu, auch wenn sich ihr Innerstes dagegen sträubte. Er hatte die Argumente auf seiner Seite …

„Sie haben doch sicherlich ein Handy", schnurrte der Mann und strich sich mit der anderen Hand, mit der er sich am Türrahmen festgehalten hatte, über das Gesicht. Als Gesine näher kam, sah sie, dass ihm der Schweiß auf der Stirn stand und seine Hand am Türrahmen einen blutigen Abdruck hinterlassen hatte. War er verletzt?

„J-ja", antwortete sie zögernd, während sie Schritt für Schritt auf ihn zuging.

„Geben Sie es mir!", forderte der Mann sie auf und streckte seine blutige Hand nach ihr aus. Unwillkürlich wich sie zurück, griff in ihre Handtasche, die über der Stuhllehne vor ihrem Schreibtisch hing, fischte das Handy heraus und händigte es dem Mann aus, der es in seine Jackentasche steckte.

Dann kam er auf sie zu, und da registrierte sie, dass der Mann sein rechtes Bein über den Boden zog. Es hinterließ eine Blutspur. Auch an der Tür und auf dem Gang zu ihrem Büro, so sah sie jetzt, war Blut. Er war tatsächlich verletzt. Das erklärte das Schleifen, das sie gehört hatte.

Trotz seiner Verletzung bewegte sich der Mann geschmeidig, war mit zwei, drei Schritten bei ihr und packte sie um die Hüften. Gesine stieß einen kleinen Schrei aus, während der Mann sie auf den Stuhl zurückdrängte und sie keine andere Wahl hatte, als sich darauf fallen zu lassen.

„Ruhig!", schnarrte er wieder und legte ihr seine blutverschmierte Hand auf ihren Mund. Übelkeit stieg in Gesine hoch, als sie den metallischen Geschmack wahrnahm.

„Haben Sie Klebeband?", fragte der Mann und nahm die Hand von ihrem Mund.

„In dem Rollcontainer", keuchte Gesine und schnappte nach Luft. Während der Mann sie mit der einen Hand, in der er die Pistole hielt, auf dem Stuhl fixierte, öffnete er mit der anderen eine Schublade des Containers nach der anderen, bis er das Klebeband gefunden hatte.

„Halten Sie still", stieß er aus, „ist besser für Sie. Ich will Ihnen nicht wehtun". Schnell fesselte er sie und wickelte das Klebeband mehrfach um ihren Rumpf und die Stuhllehne, sodass sie sich nicht mehr bewegen konnte.

„Sind hier noch Leute im Haus?", fragte er und drehte den Stuhl so, dass sie ihm in die dunkelbraunen Augen blicken musste. Wieder bemerkte sie den Hauch von Verzweiflung und eine abgrundtiefe Trauer in ihnen.

„N-nur der Wachdienst", stotterte sie.

„Kommt der zu Ihnen hier rein?"

„Manchmal", antwortete sie wahrheitsgemäß. Sie konnte ihn nicht anlügen, warum, wusste sie auch nicht so genau.

Plötzlich hielt er den Telefonhörer in der Hand. „Sie werden ihm sagen, dass sie nicht gestört werden wollen und er nicht hierherkommen soll, verstanden? Los!", forderte er sie jetzt in barscherem Ton auf.

„5-7", sagte sie und versuchte, ihrer Stimme einen festen Tonfall zu geben. Dennoch klang sie in ihren Ohren schrill.

„Was?", grunzte er verständnislos zurück.

„Sie müssen 5-7 wählen, das ist die Nummer des Wachdienstes. Ich kann es ja nicht."

Sie deutete mit dem Kopf auf das Klebeband.

Er antwortete nicht, sah ihr noch einen Moment forschend in die Augen, wählte die Nummer und hielt ihr den Hörer ans Ohr.

„Hallo, Hartmut? Ja, du, ich habe heute noch einiges zu arbeiten, und dazu brauche ich meine Ruhe. Du musst nicht bei mir reinkommen, okay? Ich schließe dann ab, wenn ich gehe, wie immer." Sie lauschte auf die Antwort und nickte dem Mann schließlich zu. Er legte auf.

„So, das haben wir", sagte er leise. Es klang resigniert. Langsam richtete er sich auf und wischte sich wieder über das Gesicht, sodass ein blutiger Striemen auf seiner Stirn zurückblieb. Er betrachtete sein rechtes Bein. Die Hose war blutdurchtränkt, das Blut tropfte auf den Boden.

„Sie sind verletzt", meinte Gesine leise.

Er winkte ab.

„Nicht der Rede wert. Ist nur ein Kratzer."

Gesine schüttelte den Kopf.

„Vielleicht, aber Sie bluten stark. Das Bein sollte zumindest verbunden werden."

„Ach was", er wedelte mit seiner Pistole.

„Was ist denn passiert?", bohrte Gesine ungeachtet seiner Abwehr nach. Sie wusste selbst nicht, was sie ritt, aber sie konnte einfach nicht anders.

„Eine Auseinandersetzung", antwortete er kurz angebunden.

Red weiter, dachte Gesine, red weiter, versuch, sein Vertrauen zu gewinnen.

„Warum?", fragte sie sanft.

„Weil …", sein Blick schweifte ab, und er sah aus dem Fenster.

Es muss mit dem Vorfall vor dem Rathaus zusammenhängen, dachte Gesine, und die Erkenntnis rieselte wie kleine Kieselsteine durch ihr Bewusstsein.

„Was ist denn da draußen passiert?", fragte sie nochmals.

Er gab sich einen Ruck und sah sie kalt an.

„Das geht Sie gar nichts an!", herrschte er und war wieder mit zwei Schritten bei ihr.

„Das würde ich so nicht sagen", antwortete sie. Woher sie den Mut nahm, ihm die Stirn zu bieten, konnte sie sich nicht erklären. „Sie dringen hier in mein Büro ein, fesseln mich und, mit Verlaub, besudeln es mit Ihrem Blut. Da wird man ja mal fragen dürfen!"

Sie hatte selbstsicherer geklungen, als sie sich fühlte.

Er antwortete nicht und wühlte in ihrer Handtasche herum, bis er eine Packung Papiertaschentücher gefunden hatte, und fummelte zwei davon heraus.

„Schluss jetzt!", knurrte er, stopfte ihr die beiden Taschentücher in den Mund und fixierte sie mit dem Klebeband – so abrupt, dass sie vor Schreck erstarrte. Mit weit aufgerissenen Augen sah sie ihn an.

„Hmmmhmmmmmmhmmm“, machte sie.

„Hallo, ich kann Sie nicht hören!“, höhnte der Mann und tat so, als ob er an seine Ohren fassen wolle. Dann wurde er schlagartig ernst, ging zum Fenster und spähte nach draußen, wobei er sich eng an die Wand drückte, um nicht gesehen zu werden.

„Sie sind da“, flüsterte er und schaute weiter angestrengt durchs Fenster, „aber sie wissen nicht, wo ich bin.“

Gesine hatte ihn nicht aus den Augen gelassen. Verrückt, vor einer halben Stunde war ihre größte Sorge, ob die Kalkulation stimmte, an der sie gearbeitet hatte, und dass die Veranstaltungen, die anstanden, gut über die Bühne gehen würden. Jetzt ging es um alles, es ging um ihr Leben. Sie spürte, der Mann war geladen wie ein Pulverfass und konnte beim kleinsten Funken explodieren. Sie hoffte nur, dass er vergessen hatte, die Tür zum Lieferanteneingang zu verschließen, als er sich ins Rathaus geflüchtet hatte.

Er sah sie an und bleckte die Zähne.

„Die Tür habe ich abgeschlossen.“

Konnte er ihre Gedanken lesen?

„Aber sie können das Blut sehen, das wird sie hierhinführen“, fügte er gedankenverloren hinzu.

Er sah an sich herunter und auf sein verletztes Bein. Dann blickte er hoch und ihr direkt ins Gesicht.

„Sie werden kommen.“

„Hmmmmmmmmmhmmmm“, machte sie.

Die Zeit verrann zäh. Genau Gesine gegenüber war die Bürouhr angebracht. Sie starrte auf die Ziffern und versuchte, den Zeiger zu hypnotisieren, schneller zu laufen. Doch es nützte nichts.

Die Zeit verrann zäh.

Der Mann hatte sich den zweiten Stuhl in Gesines Büro geschnappt und sich in der Ecke niedergelassen, sodass er aus dem Fenster spähen konnte. Das Bein hatte er von sich gestreckt, aber keine Anstalten gemacht, es zu verbinden oder sich in sonst irgendeiner Weise darum zu kümmern. Die Pistole lag in seinem Schoß, aber Gesine, die abwechselnd ihn und die Uhr beobachtet hatte, zweifelte keine Sekunde daran, dass er wachsam und sofort schussbereit war, sollte es die Situation erfordern. Da nur ihre Schreibtischlampe brannte, die Spotlights an der Decke jedoch ausgeschaltet waren, lag sein Gesicht in einem diffusen Licht, in regelmäßigen Abständen erleuchtet von dem Blaulicht der Einsatzwagen, das nach wie vor blinkte. Was sie erkannte, war, dass er mittelgroß und drahtig war. Sein schmales Gesicht war von dunkelbraunem, gelocktem Haar umgeben und könnte attraktiv sein, wenn sich nicht tiefe Linien in seine Züge gegraben hätten. Sorgenfalten, mutmaßte Gesine. Seine Augen lagen in tiefen Schatten und waren von schwarzen Ringen umrahmt. Der Ausdruck darin war für sie nicht deutbar.

Es wurde acht Uhr, es wurde neun Uhr abends. Dreimal klingelte das Festnetztelefon auf Gesines Schreibtisch, zweimal ihr Handy in der Jackentasche des Mannes, sie erkannte es am Klingelton. Er hatte es hervorgeholt, stirnrunzelnd darauf geblickt und wieder eingesteckt. Gesine wusste nicht, ob er ein eigenes Handy hatte, das er womöglich ausgestellt hatte.

Ihr Hals war trocken, der Knebel klebte an ihrem Gaumen und schuf nach und nach einen Würgereiz, den sie immer weniger kontrollieren konnte.

Sie bewegte sich mit ihrem Körper und machte schnaubende Geräusche.

„Hmmmmhmmmmm!“

Er sah auf, kam zu ihr herübergehumpelt und riss ihr den Knebel aus dem Mund.

„Was?“, fragte er barsch.

„Wasser!“, keuchte sie. „Ich brauche Wasser, bitte. Ich habe Durst.“

Sie sah, dass er zögerte.

„Es nützt Ihnen nichts, wenn ich hier umkippe, oder? Oder ersticke!“

Gesine wusste immer noch nicht, woher sie den Mut nahm.

Der Mann sah sie kurz an.

„Haben Sie Wasser hier?“

„Ja, unter meinem Schreibtisch, da ist eine Flasche. Ein Glas steht neben dem Computer.“

Er bückte sich, fand die Flasche, schenkte ihr ein Glas ein und hielt es ihr an den Mund. Sie trank in gierigen, hastigen Zügen, bis sie husten musste. Wasser rann ihren Mundwinkel hinab, sodass er ihr mit einem weiteren Papiertaschentuch das Kinn abwischte.

„Genug“, entschied er schließlich und schickte sich an, den Knebel wieder in ihren Mund zu stopfen.

Bau eine Bindung zu ihm auf, Gesine, mach schon, schoss es durch ihren Kopf.

„Wie heißen Sie?“, fragte sie schnell, bevor sie ob des Knebels nicht mehr sprechen konnte.

Er hielt mitten in der Bewegung inne.

„Das tut nichts zur Sache!“, murrte er und versuchte wieder, ihr die Papiertücher in den Mund zu schieben.

„Doch, das finde ich schon!“, entgegnete sie und wunderte sich, dass ihre Stimme so fest war. „Wenn wir hier schon Stunden um Stunden miteinander verbringen, möchte ich wenigstens wissen, mit wem ich es zu tun habe. Ich bin Gesine.“

Er zögerte und sah in die Ferne.

„Nennen Sie mich Johnny“, antwortete er in einem resignierten Tonfall.

Dass dies nicht sein richtiger Name sein konnte, war Gesine klar. Aber besser als nichts, ein Anfang war es allemal.

Sie holte tief Luft und sah ihm in die Augen. Die Verzweiflung darin berührte etwas in ihr.

„Sie sind verletzt“, wiederholte sie leise und deutete mit einem Rucken ihres Kinns auf sein Bein. „In Anbetracht der Tatsache, dass wir hier noch einige Zeit zusammen sind, sollte es verbunden werden.“

Johnny sah an sich herunter auf sein Bein und auf das Blut, das inzwischen in Schlieren den Boden bedeckte. Dann blickte er Gesine an.

„Haben Sie Verbandszeug?“, fragte er leise.

„In der Küche“, antwortete sie ebenso leise. „Wenn Sie mich losbinden, hole ich es und verbinde Sie.“

Er legte den Kopf schräg, als lausche er einer Stimme, die nur er hörte. Dann löste er die Fesseln und half ihr auf die Beine. Im ersten Moment sackte sie in sich zusammen, bis die Blutzufuhr ihre Füße erreicht hatte.

„Ich komme mit“, sagte er kurz angebunden. „Machen Sie keine Dummheiten, Gesine!“

„Wie könnte ich!“, entgegnete sie. „Selbst wenn ich wollte: Ich bin eine unbewaffnete Frau, und Sie haben eine Pistole. Also: Was denken Sie?“

Er schob sie vor sich her, während sie den Weg zu der kleinen Abteilungsküche einschlug. Johnny humpelte hinter ihr her.

Sie holten den Verbandskasten aus der Küche. Währenddessen schwiegen sie.

„Setzen Sie sich!“, ordnete Gesine an, als sie wieder in ihrem Büro angekommen waren. Johnny ließ sich mit einem Stöhnen auf den Stuhl nieder. Gesine schnitt das Hosenbein auf und säuberte vorsichtig die Wunde. Er ließ sie nicht aus den Augen. Plötzlich hielt sie inne.

„Das ist eine Schusswunde!“, stellte sie erstaunt fest und blickte ihn an.

„Was Sie nicht sagen!“, stöhnte er und biss die Zähne zusammen.

„Was ist passiert?“, fragte sie leise.

Er antwortete nicht und sah ins Leere.

Gesine gab sich einen Ruck. Sie war nun schon so weit gekommen und dabei, eine Beziehung zwischen ihnen beiden aufzubauen. Aufgeben durfte sie jetzt nicht.

„Ob Sie es wollen oder nicht, wir sitzen im selben Boot, von dem Moment an, in dem Sie das Rathaus betreten haben und in meinem Büro aufgetaucht sind. Finden Sie nicht, ich habe ein Recht zu erfahren, warum ich mit Ihnen hier die Nacht verbringen muss?“

„Recht, Recht“, höhnte er und fuhr sich durch seine dichten dunkelbraunen Haare. „Alle glauben, sie hätten irgendwelche Rechte! Nur ich, ich habe keine!“

Wieder klingelte das Telefon auf ihrem Schreibtisch. Beide ignorierten es. Gleich darauf klingelte ihr Handy in Johnnys Jackentasche. Johnny reagierte nicht, und Gesine wagte es nicht, ihn darauf anzusprechen.

Das Klingeln erstarb.

„Das sind sie“, knurrte Johnny.

„Wer?“, fragte Gesine.

„Die Bullen. Oder irgend so ein Polizeipsychologe, was weiß ich. Die wollen mit mir reden.“

Dann wusste die Polizei also, dass er hier bei ihr war.

Wie zur Bestätigung ertönte gleich darauf ein Knistern. Dann erschallte eine Stimme aus einem Lautsprecher.

„Hier spricht die Polizei. Herr Seidel, wir wissen, dass Sie im Rathaus sind. Denken Sie darüber nach aufzugeben!“

Johnny stieß den Atem in hektischen Stößen ein und aus.

„Wollen Sie mir nicht sagen, was passiert ist?“, fragte Gesine wieder.

Bring ihn zum Reden, mach schon!

„Ich hab's einfach nicht mehr ausgehalten!“, brach es plötzlich aus ihm heraus.

Gesine schwieg. Sie spürte, dass er kurz davor war, sich ihr anzuvertrauen, und wollte ihn nicht drängen. Wortlos verband sie sein Bein.

„Er hat mir meine Familie weggenommen! Ich darf sie nicht mal an Weihnachten sehen! Dabei wollte ich Nele doch nur einen einzigen Tag bei mir haben!“, schluchzte er auf und schlug sich die Hände vors Gesicht.

Gesine widerstand der Versuchung, ihm durch die wilden, dunkelbraunen Locken zu streichen. Von der Aggressivität des Mannes war keine Spur mehr übrig, geblieben war nur seine Verzweiflung.

„Wer ist ‚er‘?“, fragte sie sanft.

„Hans-Jürgen Muttmann, Hansi!“, brach es aus Johnny heraus. „Er arbeitet bei dem Puppentheater da unten. Er hat sie mir weggenommen!“

„Nele“, konstatierte Gesine. „Er hat Ihnen Nele weggenommen?“

„Und Corinna, meine Frau. Nele ist unsere Tochter.“

Etwas rammte sich in Gesines Herz.

„Wie?“, hakte sie nach.

„Wie? Indem er Corinna das Blaue vom Himmel versprochen hat. Sie hat mich verlassen und Nele mitgenommen. Ich weiß ja, dass es aus ist, aber ich will doch nur Nele sehen, nur einen einzigen Tag, an Weihnachten. Ich habe ihr Geschenke gekauft, und ich weiß auch schon, was ich kochen will, und … Ach, verdammt, es hat doch keinen Sinn!“

Plötzlich umklammerte er die Pistole und richtete sie wieder auf Gesine.

„Warum erzähle ich das alles? Das reicht, los, zurück auf den Stuhl, ich binde Sie wieder fest!“

„Aber …“, protestierte Gesine schwach, doch er war aufgestanden und drängte sie zurück auf ihren Schreibtischstuhl.

„Aber nicht den Knebel, bitte!“, bettelte sie. „Bitte, ich frage Sie auch nichts mehr, bitte!“

Er drückte sie auf den Stuhl und griff nach dem Klebeband. Da fiel sein Blick auf das Bild von Felicitas. Abrupt hielt er inne.

„Ist das Ihre Tochter?“, fragte er zögernd und begann, sie wieder festzubinden.

Gesine schüttelte den Kopf.

„Nein, meine Nichte. Ich habe keine eigenen Kinder mehr. Leider. Aber meine Nichte …“, sie schluckte. Bau eine Verbindung auf, mach schon, das ist deine Chance.

„Meine Nichte habe ich sehr lieb. Wie meine eigene Tochter.“

„Sie sieht Nele ähnlich“, murmelte Johnny und nahm das Bild in die Hand. Dann sah er Gesine an.

„Was heißt ‚nicht mehr‘?“, fragte er.

„Was?" Gesine verstand nicht, was er meinte.

„Sie sagten, Sie hätten keine eigenen Kinder mehr. Was meinen Sie damit?"

Hatte sie das wirklich gesagt? Sie sprach so gut wie nie darüber. Gesine schluckte.

„Ich hatte einmal eine Tochter. Claire."

„Claire", wiederholte er und legte wieder den Kopf schräg, als lausche er dem Namen nach.

„Sie starb. Zusammen mit meinem Mann. Bei einem Autounfall. Da war sie acht."

Gesine hatte die Sätze aus sich herausgestoßen, ganz so, als wenn ein Blasebalg Luft ausstieß. Sie hatte so viele Jahre nicht darüber gesprochen, nicht seit der letzten Therapie.

Johnny sah sie an, einen undeutbaren Ausdruck in den Augen.

„Das tut mir sehr leid", sagte er leise.

Gesine lauschte dem nach, was sie soeben gesagt hatte, besonders dem Namen. Claire. Ihn in ihrem Mund zu bilden, hatte eine merkwürdige Schwingung in ihr ausgelöst, als ob ein kleiner Vogel in ihrem Inneren herumflatterte.

Sie versuchte, ihre Emotionen wieder unter Kontrolle zu bekommen. Normalerweise war sie gut darin, und auch jetzt gelang es ihr, die Schatten der Vergangenheit zu bändigen.

Erinnerungen, Erinnerungen … Sie durfte sich nicht davon überwältigen lassen, schon gar nicht in dieser Situation. Die Not des Mannes hatte sie dazu gebracht, Dinge preiszugeben, die am besten in der Tiefe ihrer Seele verborgen blieben.

Sie nickte knapp.

„Sie sehen", nahm sie den Faden wieder auf, „dass ich sehr gut nachvollziehen kann, was Sie durchmachen. Es gibt bestimmt eine Lösung für Ihr Problem!"

„Nachdem wir aufeinander geschossen haben?" Johnny lachte auf. Es klang bitter. „Weder Hansi noch ich sind unbeschriebene Blätter, wissen Sie. Warum, glauben Sie, hatten wir beide eine Pistole?"

„Sie sind kein schlechter Mensch, das weiß ich. Ich kann bezeugen, dass Sie mich gut behandelt haben. Ich kann ..."

„Zu spät", unterbrach er sie barsch. „Ich weiß noch nicht einmal, ob Hansi noch lebt. Da draußen ist jedenfalls ganz schön was los."

Danach schwiegen beide. Was gab es noch zu sagen?

Die Stille wurde durch das Klingeln des Telefons durchbrochen, wieder gefolgt vom Handy.

Da war erneut die Stimme aus dem Lautsprecher zu hören, dringlicher und weniger verbindlich als zuvor:

„Hier spricht noch einmal die Polizei. Wenn Sie jetzt aufgeben, kann es glimpflich für Sie ausgehen, Herr Seidel. Herr Muttmann ist nur leicht verletzt, das ist ein großes Glück für Sie beide."

„Wie soll es denn jetzt weitergehen?", fragte Gesine schließlich in die Stille hinein. „Sie wissen es doch auch nicht. Wie lange wollen Sie mich hier festhalten? Die ganze Nacht? Tage? Wochen? Das hat doch keinen Sinn!"

Johnny fuhr sich wieder durch die Haare, eine Gesine inzwischen vertraute Geste. Sie empfand tiefstes Mitleid mit dem Mann und konnte seine Gefühle verstehen. Halt, schalt sie sich in Gedanken. Was sollte das? Der Mann war ein Verbrecher, er hielt sie hier als Geisel und hatte einen anderen Mann angeschossen, der das vielleicht nicht überlebt hatte. Litt sie am Stockholm-Syndrom?

Dennoch konnte sie nicht anders. Sie hatte Mitleid mit ihm. Vielleicht, weil sie selbst ein Kind verloren hatte, weil sie nicht mehr Mutter sein konnte, auch nicht mehr Ehefrau, weil sie sich einbildete, eine Nichte zu haben. Sie wollte ihm helfen, so gut sie konnte, auch wenn sie nicht genau wusste, wieso.

„Johnny, bitte, geben Sie auf. Es gibt eine Lösung, für alles. Mich wird man anhören."

Johnny antwortete nicht. Er nahm das Bild von Felicitas in die Hand und sah dann Gesine in die Augen.

„Wie halten Sie das aus? Wie können Sie weiterleben, obwohl Sie so einen tragischen Verlust erlitten haben?"

Gesine zuckte mit den Schultern, was ihr einen stechenden Schmerz bescherte.

„Ich war in Therapie, jahrelang. Ich ... ich lebe für meine Nichte, sie ist mein Ein und Alles. Und für meine Arbeit. Was glauben Sie, warum ich heute Abend so spät noch hier war? Ich scheue mich davor, nach Hause zu gehen, in meine Wohnung, in der ich doch nur allein herumsitze. Niemand, der da ist, der auf mich wartet, niemanden, den ich umarmen kann …"

Sie brach ab. Tränen rannen ihre Wangen herab. Johnny bemerkte es, nahm ein weiteres Papiertaschentuch aus der Packung und tupfte ihr die Wangen ab.

Einmal angefangen, konnte Gesine nicht mehr aufhören. Nicht aufhören zu weinen und nicht aufhören zu reden. Das, was jahrelang in ihrem Innersten verborgen war, brach nun aus ihr heraus.

„Ich habe mein Leben ganz gut im Griff, habe mir etwas aufgebaut. Aber manchmal, dann packt mich der Nebel. Dann kriecht er aus den Ritzen und Spalten hervor und hüllt mich ein. Dann sehe ich nichts, dann fühle ich nichts. Es kommt mir dann so vor, als nähme ich alle Menschen – und auch mich, besonders mich! – wie durch Watte wahr. Dann bin ich steif. Dann fühle ich nichts. Nichts, verstehen Sie! Es ist seltener geworden, aber es passiert immer noch!" Und dann nehme ich ein Bild von einem fremden Kind einer mir im Prinzip fremden Kollegin und stelle es mir auf den Schreibtisch, dachte sie, sprach es aber nicht laut aus. Natürlich nicht.

Schweigen breitete sich in dem Zimmer aus. Schließlich nickte Johnny.

„Genauso geht es mir auch, seitdem mich Corinna und Nele verlassen haben. Sie sind nicht tot, bei Gott, das sind sie nicht, aber sie sind für mich außer Reichweite. Ich wollte doch nur meine kleine Tochter an einem Weihnachtstag bei mir haben! Ich bin gut zu ihr, Gesine, bitte glauben Sie mir das! Aber Hansi und Corinna … sie haben alles getan, um das zu verhindern. Deshalb … deshalb bin ich heute ausgerastet!"

Er atmete schwer und stand regungslos neben ihr. Beide waren in Gedanken versunken.

Schließlich gab er sich einen Ruck und band sie los.

„Sie können gehen, Gesine. Gehen Sie, wohin Sie wollen. Gehen Sie zu Ihrer Nichte. Nehmen Sie sie in den Arm und feiern Weihnachten mit ihr."

Gesine legte eine Hand auf Johnnys Unterarm.

„Ich gehe nicht ohne Sie. Sie kommen mit mir, und wir erklären alles. Gemeinsam."

Plötzlich war ein lautes Knacksen von außen und ein hitziges Wortgefecht zu hören.

„Ich mache dat … jeben Sie mir dat verdampte Ding …"

„Sie können doch nicht … Frau Kommissarin, lassen Sie mich …"

„Nee, ich mache dat! Finger weg!"

Dann lauter:

„Herr Seidel, wir wissen, dat Sie da drin sind bei der Frau … Dings … Neugeschwendter … wat is dat denn für'n Name ... !? Et hat doch keinen Sinn, kommen Sie raus. Wir können über alles reden, glauben Sie mir dat!"

Stille.

Gesine und Johnny sahen sich an und brachen dann in lautes, nervöses Gelächter aus.

„Was ist denn das für ein Dialekt!", brach es aus Gesine zwischen zwei Lachsalven heraus.

„Ich weiß nicht, das habe ich noch nie gehört", antwortete Johnny und wischte sich über die Augen.

Das Lachen erstarb.

Schweigend musterten sich die beiden eine Weile.

„Wir sollten gehen", sagte Johnny schließlich leise.

„Ja, gehen wir", stimmte Gesine zu.

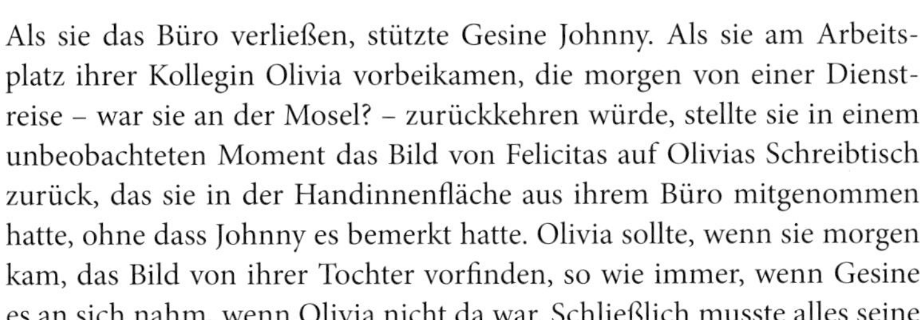

Als sie das Büro verließen, stützte Gesine Johnny. Als sie am Arbeitsplatz ihrer Kollegin Olivia vorbeikamen, die morgen von einer Dienstreise – war sie an der Mosel? – zurückkehren würde, stellte sie in einem unbeobachteten Moment das Bild von Felicitas auf Olivias Schreibtisch zurück, das sie in der Handinnenfläche aus ihrem Büro mitgenommen hatte, ohne dass Johnny es bemerkt hatte. Olivia sollte, wenn sie morgen kam, das Bild von ihrer Tochter vorfinden, so wie immer, wenn Gesine es an sich nahm, wenn Olivia nicht da war. Schließlich musste alles seine Ordnung haben.

Als sie durch den Lieferanteneingang traten, wurde Johnny verhaftet.

Er ließ es widerstandslos mit sich geschehen.

Kurz bevor er abgeführt wurde und während eine kleine, rothaarige Frau mit energischen Schritten auf ihren kurzen Beinen auf sie zugestürmt kam, raunte er ihr zu:

„Ich wünsche Ihnen schöne Weihnachten mit Ihrer Nichte, Gesine."

Daraufhin stahl sich ein Lächeln in Gesines Gesicht, das dadurch zu einer Grimasse verzerrt wurde und Johnny zurückschrecken ließ.

„Welche Nichte?", fragte sie.

Und still ruht der See

Ein Eispanzer hatte Hannover fest im Griff. Seit Jahren hatte es das nicht mehr gegeben: Minusgrade im zweistelligen Bereich, Schnee, Frost, zugefrorene Seen, und das kurz vor Weihnachten. Ein Traum.

Winterwunderland Hannover.

Die mit Abstand größte Sensation war der endlich zugefrorene Maschsee. Er war so stark zugefroren, dass er vom Tiefbauamt freigegeben werden konnte. Es war, als ob die Stadt nur auf dieses Signal gewartet hätte und kurz davor wäre zu explodieren.

Wie von Geisterhand waren am Nordufer in Rekordzeit Bratwurstbuden, Getränkestände und Schlittschuhverleiher aus dem Boden gewachsen. Auf dem Eis tummelten sich Mütter mit Kinderwagen, Familien, Schlittschuhläufer, Curling- und Eishockeyspieler, Gruppen von pubertierenden Jungs und Mädchen, die eng in Kreisen beieinanderstanden und sich verstohlen betrachteten. Viele Eisläufer hatten blinkende Weihnachtsmannmützen auf dem Kopf, sodass insbesondere in der Dunkelheit überall auf dem See glitzernde Lichter zu sehen waren, die den See in eine märchenhafte Atmosphäre tauchten.

Das Frostwetter hielt über Tage an. Der Maschsee blieb so stark gefroren, dass sich eine regelrechte Vergnügungsindustrie rund um den See gebildet und sich Partystimmung breitgemacht hatte. Wenn die Sonne unterging, hatten die Glühweinverkäufer, Open-Air-Discos und Live-Bands Hochkonjunktur. Innerhalb weniger Tage war ein weiterer Weihnachtsmarkt entstanden, der sich als Mischung eines traditionellen Marktes und dem Maschseefest entpuppte. Da niemand wusste, wie lange das traumhafte Winterwetter anhalten würde, arbeiteten die Budenbesitzer und Schlittschuhverleiher wie emsige Bienen, die so viel Nektar sammelten, wie es eben ging.

Es hatte sich eine flirrende Energie auf und um den See gebildet. Das übrige Leben in der Stadt schien zum Erliegen gekommen zu sein. Der See war das Epizentrum, das Herz, das im Takt der Eisdichte schlug. Wie war das Eis heute beschaffen? Oh, okay, es hatte fünfzehn Zentimeter, gut. Was wurde für morgen erwartet? Mindestens vierzehn? Gut, dann konnte die Maschinerie, die Leichtigkeit, das Trinken und Essen, das Flirten und Fahren, das ein Gefühl von Freiheit vortäuschte, weitergehen. Wie lange? Das wusste niemand. Also weiter, immer weiter, jetzt war die Zeit aller Zeiten!

Dieser Ansicht war auch Manfred Rinkelmann. Der stadtbekannte Gastronom betrieb am Ufer des Maschsees eine Bratwurstbude, die auch Glühwein verkaufte, sowie einen Schmalzkuchenstand. Was die Weihnachtsmärkte konnten, das konnte er schon lange! Sofort, als der See zum Betreten freigegeben worden war, hatte er die beiden Buden errichten lassen und fünf seiner Leute für die Betreibung abgestellt. Zwei Tage später kamen noch drei dazu.

Manfred Rinkelmann hatte schon immer ein Händchen fürs Geschäft gehabt. Man musste nur die Nase in den Wind stecken, das Geld lag buchstäblich auf der Straße! Die Leute waren mehr als bereit, für Essen und Trinken ihre sauer verdienten Kröten auszugeben! Man musste sie nur dazu animieren, wenn sie nicht sofort von selbst darauf kamen. Ein schönes Ambiente, Kerzenschein, Musik, Blumenarrangements … er war einer der Ersten in der Stadt gewesen, der in den 80er-Jahren das, was man heute neudeutsch „Fine Dining“ nannte, eingeführt hatte – und Schaumpartys in den 90ern in seinen zwei Discos auf Ibiza. Ach, Ibiza! Was war das für eine prächtige Zeit! Anfangs noch belächelt, hatte er sich schnell einen Namen als einer der erfolgreichsten Gastronomen auf der Baleareninsel gemacht, und das hatte er in Hannover wiederholt. Schon in jungen Jahren war er bekannt „wie ein bunter Hund“, nicht nur in der Gastro-Szene, sondern auch in der hannoverschen Gesellschaft. Aber seine eigentliche Liebe gehörte Ibiza. Was war das für eine wilde Zeit! Er hatte jeden Moment genossen und nichts ausgelassen. Die Verführungen waren damals aber auch zu groß! Ob Frauen, Alkohol, Drogen, und das bei Sonne, Strand und Meer … ach, herrliche Erinnerungen!

Irgendwann endete alles, Ibiza war wie ein Motor, der sich überhitzt und Rauch ausgespuckt hatte und dann ins Stottern geriet.

Manfred Rinkelmann war nach Hannover zurückgekehrt und hatte sich in die

Arbeit gestürzt, und das mit großem Erfolg. Die zwei Restaurants liefen und liefen. Seine große Stärke war es, wie ein Trüffelschwein Trends zu erspüren, aufzunehmen und angepasst an seine Häuser umzusetzen. Sein Restaurant in der List führte traditionelle, regionale Küche auf gehobenem Niveau, und sein zweites in Kirchrode war auf die Gourmets spezialisiert, die nicht einfach nur ein Mahl, sondern ein Eventessen genießen wollten. Ein Restaurantbesuch musste für sie ein Erlebnis sein, wozu Storytelling und Spektakel gehörten.

Als er den Weg in Richtung des Maschsees einschlug, um an seinen Ständen nach dem Rechten zu sehen, grüßte er rechts und links und fletschte die Zähne vor Wohlbehagen.

Ja, er war ein angesehener Bürger dieser Stadt. Ja, er war erfolgreich und gut situiert.

Ja, er konnte mit großer Zufriedenheit auf sein Leben zurückblicken.

Mit zweiundsiebzig hatte er alles erreicht.

Zumindest beruflich.

Was sein Privatleben betraf, konnte er das nicht behaupten, zu seinem großen Ärger. Jede seiner drei Ehefrauen hatte ihn verlassen, weil er es mit der ehelichen Treue nie genau genommen hatte und weil er ein Egomane war, der selbstverständlich davon ausging, dass alles so laufen musste, wie er es wollte. Die Scheidungen hatten ein großes Loch in sein Vermögen gerissen, ein viel größeres, als er es wahrhaben wollte.

Und seine fünf Kinder?

Drei Jungs und zwei Mädchen hatte er, und mit keinem seiner Kinder war er zufrieden. Die Jungs hatte er einen nach dem anderen an sein Geschäft heranführen wollen, aber jeder von ihnen hatte sich als große Enttäuschung erwiesen. Michael und Josef, genannt Seppi, die beiden ältesten, waren hoffnungslose Fälle. Manfred Rinkelmann hatte ihnen jeweils ein Restaurant zur Geschäftsführung zur Probe überlassen, aber nach jeweils einem halben Jahr den Söhnen die Leitung wieder entzogen, bevor die Restaurants zu sehr in die roten Zahlen abrutschten. Seppi war sein bester Gast gewesen und infolgedessen dem Alkohol mehr als zugeneigt. Nachdem Manfred Rinkelmann ihm die Geschäftsleitung wieder weggenommen hatte, war er – wohin auch sonst? – nach Ibiza geflüchtet und hatte sich dem süßen Leben hingegeben. Wo er im Moment steckte, wusste sein Vater nicht.

Michael, der älteste, hatte, nachdem Manfred Rinkelmann ihn von seinen Aufgaben mit den Worten: „Du bist der unfähigste Schmarotzer, der mir je untergekommen ist", entbunden hatte, seine Sachen gepackt, war in die Schweiz geflüchtet und hatte dort in verschiedenen großen Hotels versucht, Fuß zu fassen. Gescheitert war er überall und arbeitete im Moment in einer Surfschule auf Hawaii. Jedenfalls soweit es sein Vater wusste.

Der Jüngste war Jonas, auf den Manfred Rinkelmann all seine Hoffnungen gesetzt hatte. Doch er war schon am Schulabschluss gescheitert und wollte lieber Künstler sein. „Küüüüünstler", wie der Gastronom abfällig und vor Ironie triefend geschnaubt hatte, als Jonas ihm unverblümt mitgeteilt hatte, dass er nach Japan gehen und dort bei einem der bekanntesten Manga-Künstler des Landes eine Ausbildung machen wollte. Er steckte also irgendwo in Asien.

Seine zwei Töchter hatte Manfred Rinkelmann für seine Nachfolge gar nicht erst in Erwägung gezogen. Die ältere der beiden, Bianca, lebte mit ihrer Mutter auf La Gomera und betätigte sich als Yoga-Lehrerin. Die jüngere, Yvonne, hatte den Drogen ein wenig zu sehr zugesprochen und war zu ihrer Mutter nach Griechenland geflüchtet, die dort auf einem Felsen in einer stattlichen Villa lebte, die sie sich nach der Scheidung zugelegt hatte. Überhaupt: seine Scheidungen! Die hatten ihn ein hübsches Sümmchen gekostet, dazu kamen die Pflegekosten für seine demenzkranke erste Frau, die in einem noblen Altenheim in Hannover versorgt wurde.

Manfred Rinkelmann dachte nie so genau oder lange über sein Privatleben nach, denn es war, ehrlich gesagt, eine einzige Katastrophe. Und nicht nur das: Es hatte auch dazu geführt, dass er finanziell gar nicht so gut dastand, wie er gerne alle Welt glauben machen wollte. Sein Vermögen war ganz schön zusammengeschmolzen, aber das wollte er nicht wahrhaben.

Er war Manfred Rinkelmann, der Gastro-Macher von Hannover! Er wusste, wie man Feuer machte, jawoll!

Natürlich hatte er sich bei all seinem beruflichen Erfolg, der ohne eine gewisse Rücksichtslosigkeit nicht zu erreichen gewesen war, Feinde gemacht. Das blieb nicht aus, das war ja klar. Freunde, richtige Freunde, hatte er nicht. Viele waren in Ibiza auf der Strecke geblieben oder tot oder beides.

Aber so war es eben, sinnierte er, als der Maschsee in Sicht kam, und er die juchzenden Menschen auf dem See hörte, die das Leben genossen. Und er wollte davon profitieren, jawoll!

Schnellen Schrittes näherte er sich dem Glühweinstand, den er betrieb und über dem sein Name prangte.

Täuschte er sich oder beschleunigten seine Leute ihre Schritte und gossen, kaum dass er in ihr Sichtfeld trat, um einiges schneller die Becher voll und schoben die Bratwürste plötzlich in Rekordzeit auf die Pappunterlagen? Sie hatten Angst vor ihm, keine Frage, er war für seinen rauen Ton gefürchtet.

Manfred Rinkelmann runzelte missbilligend die Stirn, als er an den Stand trat. Der Tresen war fleckig, Weinreste zeichneten sich deutlich sichtbar auf dem dunklen Holz ab. Er fuhr mit dem Finger über die Maserung. Klebrig.

Er explodierte.

„Was ist das für ein Saustall hier! Habe ich euch nicht deutlich zu verstehen gegeben, dass ihr auf Sauberkeit achten sollt!? Ihr seid Affen! Affen seid ihr!“ Dann nahm er einen Becher, in dem sich noch ein Rest Glühwein befunden hatte und der noch nicht abgeräumt worden war, und schleuderte ihn in das Innere des Standes. Die rote Flüssigkeit spritzte in alle Richtungen und auch an die Hosenbeine seiner Mitarbeiter, die sich erschrocken in eine Ecke flüchteten.

Die umstehenden Gäste am Stand fuhren erschrocken zu ihm um, die Unterhaltungen verstummten. Alle starrten den Gastronomen an, der sich schwer atmend und mit hochrotem Kopf an den Tresen klammerte. Es war ihm egal, ob er Aufmerksamkeit erregte. Er war Manfred Rinkelmann, der Gastro-Macher von Hannover!

„Bitte entschuldigen Sie, Herr Rinkelmann, ich wische den Tresen gleich sauber“, kam eine junge Mitarbeiterin mit einem Eimer und einem Lappen beflissen auf ihn zu.

„Ja, und räum auch gleich die leeren Becher weg, verdammt!“, fuhr er die junge Frau an, die kaum älter als achtzehn Jahre sein konnte.

„Mach, ich, Herr Rinkelmann“, wisperte sie und sah ihn aus dunkelbraunen Rehaugen unter ihren rot-blonden Locken von der Seite an.

Etwas regte sich in Manfred Rinkelmann. Wäre er noch jünger, hätte er es bei ihr versucht, aber in seinem Alter wollte er sich nicht lächerlich machen. Es gab noch andere Genüsse.

„Mach mir einen Glühwein, Mädchen!“, brummte er und spähte in den Stand hinein. Die anderen zwei Servicekräfte hatten ihm den Rücken zugedreht und schöpften eifrig das heiße Getränk aus dem großen Behälter. Es waren zwei Burschen, soweit Manfred Rinkelmann das wahrnehmen konnte. Er kannte nicht alle, die für ihn arbeiteten, das musste er auch nicht, Hauptsache, sie funktionierten. Das junge Mädchen flüsterte dem einen Mann die Bestellung ihres Chefs zu, der nickte knapp, wechselte einen Blick mit seinem Kollegen und nahm einen weiteren Becher zur Hand. Rinkelmann drehte sich um und betrachtete das ausgelassene Treiben auf dem See. Ein zufriedenes Grinsen legte sich über seine Züge. Da lag das Geld, da lag es vor seinen Augen und wartete nur darauf, aufgehoben zu werden!

„Bitte, Herr Rinkelmann", flüsterte das Mädchen und stellte einen Becher mit der dampfenden Flüssigkeit neben ihn auf das nun blank gewischte Holz.

„Wurde auch Zeit", brummte der Gastronom unwirsch, nahm den Becher in die Hand und trank einen großen Schluck. Er schnalzte anerkennend mit der Zunge. „Gar nicht so schlecht", brummelte er weiter. So gefiel ihm das. Der Glühwein schmeckte nach Gewürzen und nicht nach billigem Rotwein, war nicht zu süß und sehr süffig.

Er nahm den Becher und betrat vorsichtig den See. Auch wenn er wusste, dass eine mindestens dreizehn Zentimeter dicke Eisschicht unter ihm war und ihn und all die anderen Vergnügungssüchtigen trug, wurde er von der Furcht begleitet, er könne einbrechen. Er wanderte langsam in die Mitte des Sees, trank immer mal wieder einen Schluck und umging vorsichtig die Menschentrauben, die sich ausgelassen auf dem See tummelten. Links und rechts flitzten die Schlittschuhläufer und Eishockeyspieler an ihm vorbei. Manchmal grüßte ein bekanntes Gesicht, und er grüßte zurück.

Als er bis auf wenige Meter über den See gewandert war, beschloss er, dass es Zeit war, den Rückweg anzutreten. Er fühlte sich seltsam benommen und leicht, als ob er über den See schwebe. Es war doch nur ein Becher gewesen, den er getrunken hatte, und den hatte er noch nicht einmal völlig geleert! Die Konturen der Menschen, die an ihm vorbeizogen, verschwammen zu einer dunklen Masse mit schwebenden Ballons darüber. Das müssen wohl die Gesichter sein, dachte Manfred Rinkelmann und hatte den seltsamen Drang zu lachen.

Da kam in großem Tempo ein Schlittschuhläufer auf ihn zu, den Schal fest um sein Gesicht geschlungen, dessen Rest von einer tief in die Stirn gezogenen Mütze verdeckt war. Jedenfalls nahm Manfred Rinkelmann an, dass es ein Mensch war, der auf ihn zugeschossen kam. Undeutlich nahm der Gastro-Macher wahr, dass der rasante Fahrer die Geschwindigkeit nicht verringerte und weiter auf ihn zuhielt. Er wollte ausweichen, aber sein Körper gehorchte ihm viel zu langsam. Wie in Zeitlupe machte

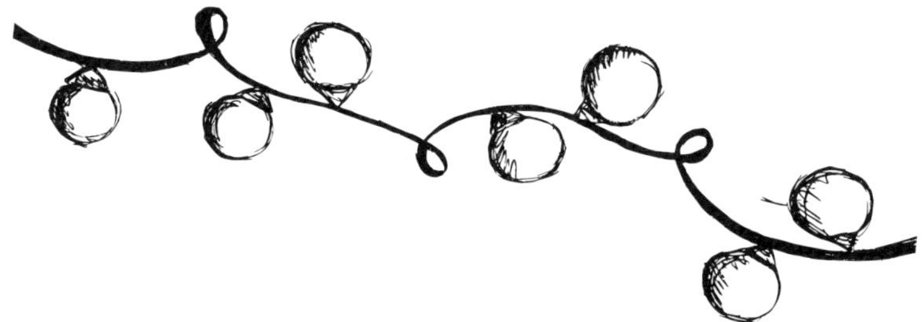

er einen unsicheren Schritt zur Seite, aber es war zu spät. Der Schlittschuhläufer prallte mit ihm zusammen und wirbelte ihn herum. Der Gastronom spürte einen leichten Stich am rechten Arm.

„Hey!", schrie Manfred Rinkelmann, aber der unmögliche Mensch lief einfach weiter, drehte sich noch nicht einmal nach ihm um oder entschuldigte sich.

„Die Jugend von heute!", knurrte Rinkelmann. Die Worte kamen ihm undeutlich über die Lippen. Er fühlte seine Zunge im Mund anschwellen wie eine große, ungehorsame Schlange, die er nicht kontrollieren konnte.

Eine unangenehme Wärme flutete seinen Körper. Er wagte, einige Schritte zu gehen, doch es kam ihm so vor, als bewegte er sich unbeholfen vorwärts, wie eine Robbe an Land. Worte konnten seinem Mund nicht entweichen, denn die Schlange in seiner Mundhöhle hinderte sie daran, auch spürte er seine Lippen nicht mehr; überhaupt, sein ganzes Gesicht schien eingefroren zu sein. Mit den Händen versuchte er nach seinem Gesicht zu tasten, aber er konnte sie nicht mehr anheben. Auch seinen Kopf konnte er nicht mehr drehen. Er starrte geradeaus und wollte einen Punkt fixieren, aber er entglitt ihm immer wieder, auch wusste er nach kurzer Zeit nicht mehr, welcher Punkt es überhaupt gewesen war. Unsicher tapste er einige Schritte nach vorn, doch dann spürte er seine Beine nicht mehr, sie wollten ihm auch nicht mehr gehorchen. Eine unerklärliche Schwäche hatte sich seiner bemächtigt, und er schnappte nach Luft, die einfach nicht den Weg in seine Lungen fand. Was geschah mit ihm? Was war los? Er war nie krank, er war stark wie ein Ochse, er war der Gastro-Macher von Hannover!

Luft, er brauchte Luft! Sein Körper schaffte es einfach nicht, Sauerstoff in seine Lungen zu pumpen.

Der Maschsee schien sich nach oben zu wölben und hin- und herzuschwanken. Wie war das möglich, das Eis war doch ganz glatt!?

Plötzlich fand sich Manfred Rinkelmann auf seinen Knien wieder, der Becher entglitt seiner Hand, der Rest des Glühweins versickerte im Eis und färbte es rot. Dann lag er auf dem Eis und schaute in den dämmrigen Himmel, der in vielen verschiedenen Blautönen schimmerte. So blau, dachte er und sah staunend nach oben. Wie schön er leuchtete, das war ihm noch nie aufgefallen, auch nicht auf Ibiza, das doch den blauesten aller Himmel haben sollte!

Sein Gesichtsfeld trübte sich und wurde dunkler. Schattenrisse am Rand bauten sich auf, die Ballons starrten auf ihn hinab. Was guckten die so komisch? Er lag doch nur hier in aller Ruhe und betrachtete den blauen Himmel, in den sich eine Spur von Lila gemischt hatte.

Plötzlich kam ihm ein Ballon bekannt vor. Es war nur ein vager, schnell vorüberziehender Gedankenfetzen, der durch sein Hirn zog, dann war er wieder fort. Und der Ballon auch.

Dunkles Blau umfasste ihn, die Ballons verschwammen vor seinen Augen, die Dämmerung umklammerte ihn wie eine schöne Frau nach dem Liebesakt. Die Blautöne vermischten sich in Spiralen zu einem einzigen samtigen Nichts, umschlangen ihn und hoben ihn hoch, dem Himmel entgegen.

„So eine Sauerei!", motzte Hauptkommissar Balustreit und starrte auf die Leiche von Manfred Rinkelmann. Natürlich musste er diesen Fall bekommen, und das kurz vor Weihnachten! Der Gastro-Macher von Hannover tot auf dem Eis des Maschsees, umgeben vom Glühwein seines eigenen Standes. Die reißerischen Schlagzeilen überschlugen sich in Größe und Sensationslust.

„Eine Sauerei ist diese Tötungsart eigentlich nicht", widersprach Dr. Sven Michellsen vom Institut für Rechtsmedizin der Medizinischen Hochschule Hannover süffisant.

Der Kommissar sah auf und schnaufte ungehalten.

„Sie wissen, was ich meine! Wir dürfen uns keinen Fehler erlauben, klar! Der Rinkelmann war ein Lokalpromi, damit stehen unsere Ermittlungen in der Öffentlichkeit!"

Balustreit fluchte wie ein Kutscher. Michellsen stand stockstarr und kommentierte die unflätigen Ausdrücke des Kommissars nicht. Das war auch besser für ihn. Balustreit wusste, dass der Rechtsmediziner ein Spezi seiner verhassten Kollegin war. Warum konnte sie diesen Fall nicht bekommen und sich damit herumschlagen? Aber nein, es musste natürlich er, Balustreit, sein, der sich mit seinen zwei unfähigen Oberkommissaren damit auseinandersetzen musste. Die Weihnachtstage konnte er abschreiben.

Er holte tief Luft.

„Also gut, was wissen wir?“

„Er wurde vergiftet. Und das ganz raffiniert.“

„Was für ein Gift war es?“

„Tetrodotoxin.“

Balustreit schnaufte und zügelte seine Ungeduld.

„Hätten Sie die Güte, mir zu erklären, was es damit auf sich hat?“, fragte er gefährlich leise.

Michellsen lächelte leicht. Das entging dem Hauptkommissar nicht. Er war sich sicher, dass der Rechtsmediziner ihn absichtlich so lange zappeln ließ, um seine Überlegenheit auszuspielen. Diese verdammten Akademiker waren doch alle gleich!

„Tetrodotoxin, auch bekannt als TTX, ist ein Nervengift. Da es Herrn Rinkelmann intravenös verabreicht wurde, konnte es sehr schnell seine Wirkung entfalten. Es ruft Lähmungserscheinungen hervor, so zum Beispiel die Lähmung der Skelett- und Atemmuskulatur. Auch treten Koordinations- und Wahrnehmungsprobleme auf.“

Balustreit nickte nachdenklich und schaute auf die Leiche hinab, die sich milchigweiß von dem Stahltisch, auf dem sie lag, abhob.

„Das stimmt mit den Beobachtungen der Zeugen überein. Einige haben ausgesagt, dass Rinkelmann geschwankt und nach Luft gerungen habe. Dann sei er zusammengebrochen. Das haben mehrere zu Protokoll gegeben, geholfen hat freilich keiner.“

Er hob den Kopf und sah den Rechtsmediziner an.

„Wie bekam er es verabreicht?“

„Wie gesagt, intravenös“, antwortete der junge Arzt. Er hob den rechten Arm des Toten an und zeigte auf eine winzig kleine Stichwunde. „Hier ist der Einstich. Er muss mit einer Injektionsnadel gestochen worden sein, die so lang gewesen sein muss, dass er durch seine Winterjacke und seinen Pullover gehen konnte. Ich habe mit Frau Walter von der Kriminaltechnik gesprochen. Sie hat entsprechende Spuren an der Kleidung gefunden.“

Balustreit rieb sich das unrasierte Kinn.

„Aber wie kann das mitten auf dem See passieren?“ Da fiel ihm etwas ein, und er blickte Michellsen in die blauen Augen.

„Moment. Es haben zwei Leute ausgesagt, dass ein Schlittschuhläufer mit Rinkelmann zusammengestoßen sei.“

Michellsen nickte nachdenklich.

„Das könnte es erklären." Er machte eine kleine Pause. „Aber das ist noch nicht alles. Wir haben Diazepam in seinem Blut gefunden, ebenso in den Resten des Glühweins, den er bei seinem Zusammenbruch verschüttet hatte. Ihm wurde also über den Wein ein starkes Beruhigungsmittel verabreicht."

„Da wollte wohl jemand auf Nummer sicher gehen", murmelte Balustreit und stützte sich mit seinen Händen am Stahltisch ab.

„Können Sie denn nicht ermitteln, wer an dem Stand gearbeitet hat?", fragte Michellsen leichthin.

Zorn wallte in Balustreit auf.

„Natürlich haben wir daran gedacht, was denken Sie denn? Wir haben lediglich von drei Personen, die an dem Tag an dem Rinkelmann-Glühweinstand gearbeitet haben, eine ermitteln und befragen können. Ihr Name ist Melanie Wolf, und sie weiß von nichts. Sie hat ausgesagt, dass sie die zwei Männer, mit denen sie eingeteilt war, noch nie zuvor gesehen habe und demzufolge nicht kenne. Sie war es, die dem Rinkelmann den Glühwein gereicht hat, aber aus dem Kessel geschöpft hat es ein Kollege. Ein gewisser …", Balustreit holte seine Unterlagen hervor und blätterte darin, „… Thomas Klein. Aber es stellte sich heraus, dass das ein falscher Name war, ebenso von dem anderen Kerl, ein gewisser Christian Schmidt. Beide sind abgetaucht, und wir wissen … äh … wir wissen nicht, wohin oder wer das war."

„Das tut mir leid", antwortete Michellsen beiläufig und deckte die Leiche von Rinkelmann wieder zu.

„Sparen Sie sich Ihr Mitleid!", schnauzte Balustreit den jungen Mediziner an. Er war davon überzeugt, dass sich der Arzt nur über ihn lustig machen wollte.

Dieser zuckte mit den Schultern.

„Dann nicht." Er machte eine kleine Pause. „Was Sie noch wissen sollten: Tetrodotoxin findet sich in vielen Tierarten, so zum Beispiel ist es auch das Gift des japanischen Kugelfischs. Man braucht in Japan eine spezielle Lizenz, um diesen Fisch zubereiten zu dürfen."

„Danke, das hilft mir sehr!“, höhnte Balustreit. „Sollte ich mal nach Japan reisen, werde ich mich daran erinnern.“

„Ich dachte, ich sage es mal lieber“, meinte Michellsen am Rande. Sein Gesicht blieb unbewegt, aber Balustreit war sich sicher, dass er den Kommissar für einen einzigen Witz hielt.

„Dann mache ich mich mal auf“, sagte Balustreit schließlich und wandte sich ab. „Wir müssen noch die drei Söhne ausfindig machen, die sind in aller Welt verstreut. Bis jetzt haben wir keine Ahnung, wo sie sein könnten.“

Irgendwo in einer kleinen Holzhütte auf Kyūshū, der südlichsten der japanischen Hauptinseln, mitten im Wald, saßen drei Männer an einem Tisch und ließen sich ihr Sashimi schmecken. Sie aßen mit großem Genuss, denn alle drei waren Feinschmecker, ein Vermächtnis, das sie von ihrem Vater übernommen hatten. Es waren Brüder. Dazu tranken sie Bier und grünen Tee.

Plötzlich klingelte das Handy von Josef, genannt Seppi. Er nickte seinen Brüdern kurz zu, ließ seine Stäbchen fallen, stand auf und verließ den Raum. Michael und Jonas sahen sich an und schwiegen. Es gab nichts zu sagen, außer dem, was Seppi ihnen gleich mitteilen würde. Sie hörten ihn im Nebenzimmer leise murmeln. Michael trank einen großen Schluck Bier und Jonas, der inzwischen aufgehört hatte zu essen, schaute durch das Fenster nach draußen in den dichten, japanischen Wald.

Schließlich hörten sie das Klappern der Tür und leise Schritte. Seppi war zurück. Er setzte sich zu seinen Brüdern an den Tisch und fuhr sich durch das dichte, dunkelbraune Haar. Er sah von allen Kindern dem Vater am ähnlichsten. Seinen fleischigen Mund hatte er zu einem schmalen Strich zusammengepresst.

„Und?“, fragte Jonas schließlich ungeduldig. „Was ist? Nun red schon!“

Seppi ließ sich mit einem Stöhnen nach hinten an die Lehne fallen. Dann straffte er sich und sah von einem zum anderen.

„Es ist fast nichts mehr da. Yvonne sagt, dass das Vermögen so gut wie aufgebraucht sei. Auch hier hat unser Vater allen etwas vorgemacht. Typisch für ihn.“ Er ließ eine Faust auf den Tisch krachen.

„Alles umsonst, verdammt!“

Die drei Männer saßen eine Weile wie erstarrt.

„Und jetzt?“, fragte Jonas leise. „Was machen wir jetzt?“

„Ich habe keine Ahnung“, stöhnte Michael. „Wir müssen untergetaucht bleiben.“

„Ihr habt gut reden!“, schrie Jonas und schnellte in die Höhe, dass sein Stuhl umkippte. „Ihr habt ihn nur betäubt, aber ich, ich habe ihn getötet! Ich bin ein Mörder!“

Seppi sah auf.

„Wir sind alle Mörder. Wir haben dir schließlich geholfen, indem wir seine Bewegungen verlangsamt haben. Wir hängen alle mit drin.“

„Für nichts“, sagte Michael tonlos.

„Ja“, sagte Seppi leise und sah von Michael zu Jonas, die beide zu Stein erstarrt waren, „für nichts.“

Weihnachten bin ich zu Haus

Tabea war genervt. Vorweihnachtszeit bedeutete für sie immer maximalen Stress. Und nicht nur für sie, so stellte sie fest, wenn sie sich umschaute. Überall in der Fußgängerzone sah sie genervte Gesichter, die oftmals zu Boden gesenkt waren. Wenn doch einmal hochgeschaut wurde, dann mit einem gehetzten Ausdruck und blutunterlaufenen Augen.

Als ob es nach Weihnachten nichts mehr gäbe, dachte Tabea und erschauerte. Das Wetter war wieder einmal so gar nicht weihnachtlich: nasskalt, Nieselregen und stürmischer Wind. Von einem verschneiten Winterwunderland konnte nicht einmal im Entferntesten die Rede sein. So war es in Hannover in den letzten Jahren immer gewesen. Thorsten und sie hatten oft überlegt, über Weihnachten und Silvester in den Urlaub zu fahren. Eine kleine Hütte in den Bergen, verschneit, mit knisterndem Kaminfeuer, kuscheligen Wollsocken und Blick auf das Alpenpanorama. Über reden darüber waren die Pläne nie hinausgekommen. Gescheitert waren sie meist an den Anforderungen, die ihre Familien an sie stellten. Sowohl Tabeas Eltern als auch die Mutter von Thorsten hatten unmissverständlich klar gemacht, was sie von dem jungen Paar erwarteten: Sie sollten Weihnachten mit ihnen verbringen. Die Zeit dafür war ganz genau aufgeteilt und hatte sich nach sieben gemeinsamen Jahren etabliert. An Heiligabend und am ersten Weihnachtsfeiertag waren sie bei Thorstens Mutter, die in einem kleinen Ort am Rande des Harzes lebte. Seit dem Tod von Thorstens Vater versank sie in Einsamkeit und klammerte sich an ihren einzigen Sohn. Tabeas zaghafte Versuche, Thorsten darauf hinzuweisen, dass seine Mutter vielleicht egoistisch war und, anstatt sich ein eigenes Leben aufzubauen, lieber das ihres Sohnes mitlebte, blockte er mit dem Hinweis darauf ab, dass sie immerhin ihren geliebten Mann an den Krebs verloren hatte und seine vier Jahre ältere Schwester kurz nach der Geburt verstorben war. Das hatte dazu beigetragen, dass sich die ganze Liebe der Mutter auf ihn konzentriert hatte. Thorsten wiederum sah sich in der Pflicht, für seine Mutter da zu sein, auch um den Preis, dass ihre Beziehung darunter litt. Zunächst sanfte, dann immer bestimmtere Aufforderungen von Tabea, seiner Mutter Grenzen aufzuzeigen und einmal einen Sonntag nicht zum Mittagessen in den Harz zu fahren, wehrte Thorsten mit dem Hinweis, was für ein schweres Leben sie gehabt habe, rigoros ab. Und, so fügte er dann hinzu, ihre Eltern seien schließlich auch nicht ohne. Da konnte Tabea nicht widersprechen, und so brachen ihre zaghaften Versuche, ein selbstbestimmteres Leben als Paar und auch als Tochter zu führen und Thorsten aus der Umklammerung seiner Mutter zu befreien, immer wieder in sich zusammen.

Jedes Jahr ging es nach dem Mittagessen am ersten Weihnachtsfeiertag zurück nach Hannover. In dem kleinen Reihenhaus in Döhren, in dem sie aufgewachsen war und das ihr alptraumhafte Erinnerungen bescherte, wann immer sie es betrat, tranken sie zusammen mit ihren Eltern den nachmittäglichen Weihnachtskaffee. Die Gespräche gestalteten sich zäh, und die Stunden bis zum Abendessen, ein obligatorischer Rinderbraten mit Rotkohl und Klößen, den es jedes Jahr gab, verrannen so langsam, dass Tabea glaubte, sämtliche Uhren in den Zimmern ihrer Eltern seien stehen geblieben. Tabeas Vater sprach wenig. Sehr wenig. Außer „ja", „nein" und „ganz schön" sowie undefinierbares Gebrumm gab er nichts von sich. Er saß in seinem Sessel im Wohnzimmer und bewegte sich nur, wenn ihre Mutter zum Essen rief. Dann stemmte er seinen massigen Körper in die Vertikale und schlurfte mit hängenden Schultern zum Esstisch, um sich dort auf seinem Stammplatz niederzulassen.

Tabeas Bruder Ronald war auch manchmal dabei, meist glänzte er aber durch Abwesenheit, weil er lieber mit seinen obskuren Freunden zusammen war. Eigentlich kam er nur, wenn er Geld brauchte. Die Weihnachtstage waren davon überschattet, dass die Eltern wütend darüber waren, dass er sie wieder einmal anpumpen wollte. Dann brummte ihr Vater etwas bestimmter. Bei Tabea versuchte es Roland nicht mehr, nachdem Thorsten ihm angedroht hatte, ihn auf Rückzahlung der bis jetzt geliehenen Gelder zu verklagen, sollte er seine Schwester noch einmal anbetteln. Roland war das schwarze Schaf der Familie.

Tabea jedoch war das „gute Kind". Das hatten ihr ihre Eltern wieder und wieder zu verstehen gegeben. „Du bist unser gutes Kind", wie oft hatte sie das zu hören bekommen.

Auch jetzt klang es ihr in den Ohren, als ihr plötzlich eine Windbö entgegenschlug, sodass ihre Mantelaufschläge nach außen geblasen wurden und sie sich mit aller Kraft gegen die vom Wind mitgetragenen

Regentropfen stemmte, bevor sie eine stadtbekannte Parfümerie betrat. „La Vie est belle“ sollte es wieder einmal sein, für ihre Mutter. „Das Leben ist schön“. Von wegen, dachte Tabea, und ihre Gedanken schweiften wieder ab zu dem trostlosen Familienleben, das sie geprägt hatte und mit dem sie aufgewachsen war. Wie konnten ihre Eltern nur so existieren? Ihre Mutter flatterte bei ihren Besuchen um sie herum wie ein kleiner, verängstigter Vogel und versuchte, Thorsten und ihr alles recht zu machen.

„Schmeckt es euch?“, fragte sie wieder und wieder mit ihrer Piepsstimme, während im Hintergrund „Weihnachten bin ich zu Haus“ in Dauerschleife lief, das Lieblingsweihnachtslied ihres Vaters, der wie ein mächtiger Felsen regungslos in seinem Sessel saß.

„Möchtest du noch Sauce? Oder noch einen Kloß? Wie ist der Braten, er ist doch nicht zu fest?“ Die Stimme ihrer Mutter tönte in Tabeas Ohren. Sie schüttelte sich und versuchte, sich auf das Geplapper der Angestellten in der Parfümerie zu konzentrieren, die ihr ein Paket mit Parfüm, Duschgel und Bodylotion verkaufen wollte.

Sie war das gute Kind, das immer genau das tat, was ihre Eltern wollten. Nein, das stimmte nicht, sie übererfüllte sogar die Erwartungen.

Sie war eine gute Schülerin gewesen.

Ihre Mutter hatte vor Glück bei der Abiturfeier geweint.

Sie hatte die Ausbildung zur Versicherungskauffrau absolviert, die ihre Eltern für sie vorgesehen hatten.

Ihre Mutter hatte vor Stolz bei der Abschlussfeier geweint.

Sie hatte eine Weiterbildung zur Versicherungsfachwirtin gemacht und als Beste ihres Jahrgangs abgeschlossen.

Ihre Mutter hatte vor Freude geweint, als sie mit der schriftlichen Bestätigung des Abschlusses nach Hause gekommen war.

Sie war mit einem Mann zusammengekommen, der als Jurist im selben Versicherungsunternehmen arbeitete wie sie und dort in der Rechtsabteilung seinen Dienst versah.

Ihre Mutter hatte sie weinend angerufen, nachdem sie mit Thorsten das erste Mal bei ihren Eltern gewesen war und ihn vorgestellt hatte.

„Was für ein wunderbarer Mann!“, hatte ihre Mutter geschluchzt. „Vor allem, wenn man bedenkt, was du durchgemacht hast, nachdem …"

Da hatte sie ihre Mutter abrupt unterbrochen und wenig später aufgelegt. Dann war sie ins Bad gerannt und hatte sich übergeben.

Sie wollte nicht daran erinnert werden. Nicht daran, wie einer der bekifften Freunde ihres Bruders nach einer wilden Party, die Ronald in ihrem Elternhaus gefeiert hatte, als die Eltern im Urlaub waren, ihr in ihr Zimmer gefolgt war. Nicht daran erinnert werden, wie sie ihm die Tür vor der Nase zuschlagen wollte, er aber einen Fuß in den Spalt bekommen und die Tür einfach aufgedrückt hatte, als wäre sie aus Pappe. Wie er sie aufs Bett gedrängt, wie sein nach Marihuana und Alkohol stinkender und schwitzender Körper auf ihr gelegen hatte. Sie hatte keine Luft bekommen und irgendwann aufgehört sich zu wehren. Tabea hatte es über sich ergehen lassen wie eine Kuh, die von einem Stier besprungen wird.

Später hatte sie sich ihrer Mutter anvertraut, wem auch sonst? Diese war aufgesprungen, in der Küche hin- und hergerannt wie ein aufgescheuchtes Huhn, hatte angefangen, den Salat zu putzen und die Spülmaschine auszuräumen, hatte Bohnen und Kartoffeln aus der Speisekammer geholt und begonnen, beides zu waschen, alles irgendwie gleichzeitig. Tabea hatte mit verweinten Augen am Küchentisch gesessen und sie voller Furcht und Unsicherheit mit ihrem Blick verfolgt. Schließlich hatte sich ihre Mutter mit einer geschmeidigen Bewegung umgedreht und mit einer Bestimmtheit in der Stimme, die Tabea zugleich erstaunte und erschreckte, ausgestoßen:

„Das ist nie passiert! Hörst du: Es ist nie passiert! Das hast du dir eingebildet, vielleicht einen Film gesehen oder ein Buch gelesen und das dann auf dich bezogen. In unserem Haus passiert so etwas nicht!"

Tabea hatte protestiert, geheult, geschrien, bis die Mutter sie mit schneidender Stimme unterbrochen hatte.

„Ich will nichts mehr davon hören. Schluss jetzt!"

Da hatte Tabea geschwiegen. Und nie mehr davon gesprochen. Sie hatte schließlich selbst geglaubt, dass es nie geschehen sei, dass sie sich das Ganze nur eingebildet habe. Sogar als ihre Mutter am Telefon von sich aus davon angefangen hatte, hatte sie es nicht zugelassen, daran zu denken, geschweige denn darüber zu sprechen. Kein Ton kam über ihre Lippen. Nur ihr Frühstück, das sie am Morgen zu sich genommen hatte.

Thorsten war ein wunderbarer Mann, da war sich Tabea sicher. Dennoch gestaltete sich der Sex schwierig. Sie empfand dabei – nichts.

Meistens ließ sie es mit zusammengekniffenen Augen und zusammengepressten Lippen über sich ergehen und täuschte Lust vor, wo keine war. Thorsten schien es nicht aufzufallen. Sie musste froh sein, dass er mit ihr zusammen war, nach allem, was sie durchgemacht hatte.

Sie wollte nicht so leben wie ihre Eltern und in die Trost- und Sprachlosigkeit abrutschen, die ihre Ehe kennzeichnete. Dennoch schien genau das zu passieren, und Tabea gab sich die Schuld dafür. Sie fühlte sich nicht gut genug für Thorsten. Sie war leidenschaftslos, frigide. Eben keine gute Partnerin.

Ihre Beziehung war im letzten Jahr merklich abgekühlt. Thorsten hatte immer weniger Zeit für seine Frau gehabt, wirkte oftmals verschlossen und zog allein los.

„Ich treffe mich mit ein paar Freunden", hatte er gemurmelt, sich seine Jacke geschnappt und war durch die Tür, so schnell, dass Tabea nicht nachfragen konnte, welche Freunde das überhaupt sein sollten. Die, die sie kannte, waren es jedenfalls nicht, da hatte sie nachgeforscht.

Es musste etwas anderes sein. Oder jemand.

Als sie die Parfümerie verließ, richtete Tabea ihren Mantel und schulterte die Papiertasche, die die freundliche Verkäuferin ihr mitgegeben hatte und worin sich nun die Vorteilsbox von „La Vie est belle" befand mit Parfüm, Duschgel und Bodylotion für ihre Mutter. Der Wind peitschte ihr entgegen. Tabea zog den Kopf zwischen ihre Schultern und wandte sich in Richtung Kröpcke, wo wie jedes Jahr die riesige Weihnachtspyramide aufgebaut worden war. Dort traf sich Groß und Klein und genoss nach den anstrengenden Weihnachtseinkäufen bei Glühwein und Schmalzkuchen das vorweihnachtliche Treiben und trotzte Wind und Regen, der nach wie vor unbarmherzig auf die Hannoveranerinnen und Hannoveraner niederprasselte.

Typisch, mal wieder keinen Schirm dabei, dachte Tabea und streifte die Menschenmenge, die sich dicht an der Pyramide drängte, um den Wetterkapriolen zu entgehen, mit einem Blick. Plötzlich durchfuhr sie ein heißer Strahl, und sie blieb wie angewurzelt stehen. Dort erspähte sie – Thorsten! Und er war nicht allein. Dicht bei ihm stand eine blonde Frau. Eine sehr attraktive blonde Frau. Sie tranken Glühwein zusammen und lachten sich an. Tabea wurde stocksteif. Der Regen rann an ihr herunter, der Wind zerzauste ihr Haar, sie wurde klatschnass, aber sie bemerkte es nicht. Sie hatte die Frau noch nie im Leben gesehen. Es war keine Arbeitskollegin, die kannte sie alle, da Thorsten und sie im selben Unternehmen angestellt waren.

Sie fing an zu zittern, gleichzeitig schwitzte sie. Das Haar hing ihr in Strähnen ins Gesicht, sie atmete hastig ein und aus. Sie wollte nicht glauben, was sie sah, doch Thorsten und die Frau existierten nicht nur in ihrer Einbildung, sie standen in einigen Metern Entfernung vor ihr. Sie schienen ihre Umgebung nicht wahrzunehmen, so sehr waren sie in ein Gespräch vertieft. Und sie waren augenscheinlich höchst vertraut miteinander. Gerade eben strich die Frau eine Locke von Thorstens fast schwarzem Haar aus seinem Gesicht, was er mit einem Lachen quittierte.

Thorsten und die Frau hatten den Glühwein inzwischen ausgetrunken und verabschiedeten sich nun voneinander. Mit einer innigen Umarmung. Tabea wurde gleichzeitig heiß und kalt. Merkwürdigerweise empfand sie keine Wut, sondern nur eine unerträgliche Leere und einen Anflug von Trauer.

Sie sah, wie sich Thorsten anschickte, ihr gefährlich nahe zu kommen, während die Frau sich in die entgegengesetzte Richtung wandte.

Da kam Leben in Tabea. Sie setzte sich in Bewegung und schaffte es irgendwie, einen Fuß vor den anderen zu setzen. Ihr Kopf war dabei wie in Watte gepackt, und sie nahm ihre Umgebung wie durch einen Schleier wahr.

Dieser Schleier riss auch die nächsten Tage nicht. Tabea verrichtete die täglichen Dinge des Lebens, ging zur Arbeit, machte den Haushalt, sprach mit Thorsten, als ob alles in bester Ordnung wäre. Als er eine halbe Stunde nach ihr an jenem verhängnisvollen Tag nach Hause gekommen war, hatte er sich wie immer verhalten. Er hatte sie mit einem Kuss begrüßt und Essen aus der Stadt von ihrem Lieblingsitaliener mitgebracht. Tabea hatte sich ebenfalls nichts anmerken lassen, ihn angelächelt und mit ihm über Belanglosigkeiten gesprochen. Ihr kam es inzwischen so vor, als sei ihr das Lächeln in das Gesicht gemeißelt. Nur wenn sie für wenige Momente, wenn sie allein war, ihre Maske fallen ließ, bemerkte sie an den Schmerzen ihrer Gesichtsmuskeln, dass sie ein Dauergrinsen aufgesetzt hatte wie der Joker in „Batman".

Obwohl sich ihr Leben gerade anschickte, in tausend Scherben zu zerbersten, hatte sie nicht geweint. Sie hatte es ja immer gewusst. Sie war nicht gut genug für Thorsten, weil sie ihm keine gute Lebenspartnerin sein konnte. Sie war schmutzig und kalt, sie hatte keinen Humor, war nicht klug und schön genug und zudem eine Niete im Bett.

Die blonde Frau an der Weihnachtspyramide war genau das Gegenteil.

Tabea hatte angefangen, Thorsten zu verfolgen. Nach der Arbeit, wenn er wieder einmal „mit Freunden“ verabredet war, hatte sie die Firma kurz nach ihm verlassen, um ihn zu beschatten. Es war so leicht gewesen, dass sie nur staunen konnte. Ganz offensichtlich war er sich seiner Sache sehr sicher und kam gar nicht auf die Idee, dass er bei ihr hätte Verdacht erregen können. Selbstsicher bewegte er sich durch Hannover und traf seine blonde Freundin mehrfach in verschiedenen Cafés in der Stadt oder auch schon mal zum Abendessen, wenn er Tabea gesagt hatte, er bliebe länger beim Sport oder sei mit Kumpels verabredet. Tabea beobachtete dann die Vertrautheit der beiden, die ihr besonders auffiel. Kannten sie sich etwa schon seit Jahren? Wut empfand sie immer noch nicht, es machte sich nur eine unbestimmte Traurigkeit und eine leichte Wehmut in ihr breit. Thorsten schien sich bei der attraktiven Unbekannten ausnehmend wohlzufühlen. Tabea konnte es ihm nicht verübeln. Sie war einfach nicht gut genug für ihn, was sonst?

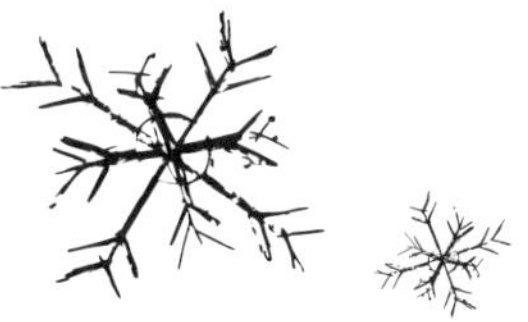

Zwei Tage vor Weihnachten kam Tabea erschöpft nach Hause in die Wohnung, die sie zusammen mit Thorsten bewohnte. Sie hatte ihn und die Blonde wieder einmal in einem Café in der Innenstadt beobachtet. Als sie sich anschickten, sich voneinander zu verabschieden, war sie aufgebrochen. Sie achtete peinlich genau darauf, dass sie sich rechtzeitig auf den Heimweg machte, damit sie vor Thorsten zu Hause war.

Sie hatte über „Alexa“ Weihnachtsmusik angestellt und räumte gerade die Spülmaschine aus, als sie den Schlüssel im Schloss knarzen hörte. Kurz darauf stand er in der Wohnküche und umarmte sie von hinten.

„Hallo, mein Schatz, na, schon bereit für den Weihnachtsmarathon?", begrüßte er sie und gab ihr einen Kuss in den Nacken.

Sämtliche Härchen stellten sich bei ihr auf, und eine Gänsehaut überzog ihren Körper. Die Kälte, die sie in den letzten Tagen erfüllt hatte, verwandelte sich durch seine Berührung mit einem Schlag in glühende Lava, die heiß durch ihren Körper strömte. Bis in die letzte Faser war sie erfüllt von – Wut. Eine unbändige, wilde, animalische Wut, die sich nun Bahn brach, gemischt mit Schmerz, altem und neuem.

Blitzschnell drehte sie sich und stieß Thorsten gleichzeitig von sich, der mit einem erstaunten Ausdruck im Gesicht nach hinten stolperte.

„W-was ist?", stammelte er.

„Was ist? Was ist?", kreischte sie und wusste nicht, woher sie plötzlich das große Messer aus dem Messerblock in der Hand hielt, das, mit dem sie immer Fleisch für Gulasch zuschnitt.

Er war viel zu überrascht, um zu reagieren, als sie mit einem Schritt bei ihm war und mit einer fließenden Bewegung das Messer in seinen fitnessstudiogestählten Körper rammte.

Mit großen Augen, weit aufgerissen vor Schmerz und Verblüffung, sah er zu ihr auf, während er gleichzeitig an der Küchenzeile nach unten auf den Boden rutschte. Er presste beide Hände auf die Wunde an seinem Bauch, aus der das Blut erschreckend schnell hervorquoll und sein Hemd rot färbte.

Wie Schneewittchen, dachte sie und legte den Kopf schräg. Rot wie Blut, weiß wie Schnee und schwarz wie …

„Ta-Tabea", stammelte er, sah wieder zu ihr auf, blankes Erstaunen in seinem Gesicht, das aschfahl geworden war, blickte dann auf sein eigenes Blut, dann wieder zu ihr.

„W-was tust du?" Seine Stimme war eine Spur leiser geworden, nur ein Hauch, aber sie hatte es dennoch bemerkt. Eine große Ruhe kam über sie.

„Was *ich* tue? Was tust *du*?" Ihre Stimme war zu ihrem eigenen Erstaunen fest und klar und ohne Vorwurf. Ihr wurde bewusst, dass sie immer noch das Messer in der Hand hielt, sie starrte darauf und sah, wie das Blut, sein Blut von der Spitze auf den Boden tropfte. So rot wie der Mantel des Weihnachtsmanns, dachte sie und sann einen Augenblick darüber nach.

„W-was tue ich denn?", hörte sie ihn fragen, seine Stimme war noch leiser und schwächer geworden.

Sie hockte sich vor ihn auf den Boden und sah, wie Schweißperlen seine Stirn bedeckten. Sein Atem ging stoßweise, und mit jedem Atemzug schien das Leben ein Stückchen mehr aus ihm zu weichen.

„Du betrügst mich. Mit dieser blonden Frau. Du triffst sie in der Stadt, gehst mit ihr essen, Glühwein trinken und was weiß ich denn noch alles. Während du angeblich im Fitnessstudio bist oder dich mit irgendwelchen Freunden triffst, die gar nicht existieren."

Wieder legte sie den Kopf schräg und lauschte den Wörtern nach, die soeben aus ihrem Mund gekommen waren. Sie hatte sehr sachlich geklungen, fand sie.

Thorsten lachte auf, doch sein Lachen ging in ein blubberndes Husten über.

„Betrügen? Ich dich?" Seine Stimme war nur noch ein Flüstern, aber er hatte mit großer Bestimmtheit gesprochen. „Du siehst das völlig falsch. Sie ist", er zögerte kurz, gab sich dann aber einen Ruck, „… sie ist meine Schwester."

Seine Schwester? Es dauerte eine Weile, bis die Bedeutung seiner Worte in Tabeas Kopf angekommen waren.

„Schwester?", flüsterte sie nun ihrerseits. „Aber deine Schwester ist doch tot!"

Thorsten schüttelte mit schmerzverzerrtem Gesicht den Kopf und bewegte sich leicht, während er immer noch beide Hände auf die Wunde gepresst hielt. Diese färbten sich nun ebenfalls rot.

Als ob er Handschuhe trüge, dachte Tabea und beobachtete seine Hände interessiert.

„Ist sie nicht", brach es aus Thorsten heraus. „Meine Eltern haben mir gesagt, dass sie tot sei, aber sie haben sie zur Adoption freigegeben, weil sie damals …"

Er brach ab und schloss für einen kurzen Moment die Augen. Dann öffnete er sie mit einem Ruck und fuhr mit schwacher Stimme fort.

„Sie hatten nicht viel Geld und konnten sich nicht um sie kümmern, das haben sie jedenfalls den Behörden gesagt. Sie haben Franziska weggegeben. Das muss man sich mal vorstellen!"

Wieder hustete er. Tabea saß ganz still, das Messer immer noch mit beiden Händen umklammert.

„Sie hat mich gesucht, als sie erfahren hat, dass sie adoptiert wurde und einen Bruder hat. Vor einigen Monaten hat sie mich dann ausfindig gemacht. Wir haben uns regelmäßig getroffen, um uns kennenzulernen.

Ich hätte es dir direkt sagen sollen, das ist mir jetzt klar, aber ich wollte erst einmal wissen, wer meine Schwester überhaupt ist … und wie ich als Bruder bin."

Während er sprach, war seine Stimme noch schwächer geworden, bis sie in ein heiseres Krächzen hinüberging. Er hatte die Sätze immer schneller hervorgestoßen, als ob er fürchtete, nicht mehr genug Kraft zu haben, sie zu beenden.

Tabea hörte ihm zu und registrierte jedes Wort. Sie saß wie erstarrt.

Die Erkenntnis sickerte wie zäher Honig durch ihren Kopf.

Er hat mich gar nicht betrogen.

Sie ist seine Schwester.

Er liebt mich.

Er liebt mich.

Nicht?

„Tabea", wisperte Thorsten und sah sie mit unnatürlich geweiteten Pupillen in dem leichenblassen Gesicht an. Seine Haut hob sich nicht mehr von dem weißen Hemdkragen ab.

„Tabea, bitte, du musst den Notruf wählen. Ich verblute hier vor deinen Augen!"

Seine Stimme war kaum noch zu hören.

Wieder legte Tabea den Kopf schräg und beobachtete jede Regung von ihm – wie ein Insektenforscher seine aufgespießten Opfer.

Alexa hatte aus den Tiefen des Internets ein weiteres Weihnachtslied hervorgeholt.

„Weihnachten, Weihnachten bin ich zu Haus", dröhnte es durch die Wohnung und in Tabeas Kopf.

Die Rache des Knecht Ruprecht

Mal etwas anderes. Das dachten sich Carola und ihr Freundeskreis. Es sollte in diesem Jahr ein anderer Weihnachtsmarkt sein. In den letzten Jahren waren sie stets an der Marktkirche gewesen und hatten sich immer am gleichen Glühweinstand getroffen. Das war ganz nett, aber eben auch sehr voll und sehr laut.

Also sollte es diesmal der finnische Weihnachtsmarkt am Ballhof werden.

Carola und ihre Freunde hatten durch die Bezeichnung „finnischer Weihnachtsmarkt" die Vorstellung von Holz- und Tannenduft, Gemütlichkeit, dem Weihnachtsmann, knisterndem Kaminfeuer und Glögi.

Womit sie nicht gerechnet hatten, war, dass der finnische Weihnachtsmarkt voll war. Sehr, sehr voll. Überfüllt sozusagen. Und sehr laut. Mindestens genauso laut wie an der Marktkirche.

Carola blickte sich um. Die Menschen schoben sich aneinander vorbei, und ein unglaublicher Geräuschpegel erfüllte den Platz. Ein Mix aus Gerüchen von Flammlachs und Alkohol lag in der Luft und bildete ein einzigartiges und unverwechselbares Duftarrangement.

Sie war zu früh dran. Lilly hatte schon geschrieben, dass sie sich verspäten würde. Ole wollte pünktlich sein, das wäre in fünfzehn Minuten. Was mit den anderen war, wusste sie nicht so genau. Sie würden kommen oder auch nicht. Nur sie war zu früh. Also wartete sie. Und während sie wartete, wurde sie angerempelt, angemotzt und natürlich angemacht.

Sie könne mit ihnen kommen, lallte ein schon sichtlich angetrunkener junger Mann in ihrem Alter, der sie von oben bis unten musterte. Mit Müh und Not wehrte sie seine schwankenden Annäherungsversuche ab. Schließlich wurde er von seinen grölenden Freunden mitgezogen.

Mitten zwischen all den Menschen fühlte sich Carola ziemlich allein.

Verdamp, wie ihre Mutter sagen würde.

Wenn doch wenigstens Ole hier wäre! Carola musste lächeln, als sie an ihren Freund dachte. Ole hatte ihr Leben verändert und ungemein bereichert. Durch ihn hatte sie ein anderes Verhältnis zu sich selbst bekommen. Sie fühlte sich zum ersten Mal als Frau und wohl in ihrem Körper. Er schätzte aber nicht nur ihr Äußeres, sondern auch ihren scharfen Verstand, der, so überraschend es für Carola auch war, insbesondere bei kriminalistischen Zusammenhängen wie geschmiert funktionierte. Das hatte sie wohl von ihrer Mutter geerbt. Seitdem Carola ernsthaft erwog, in die Fußstapfen der in Hannover inzwischen berühmt-berüchtigten Hauptkommissarin Williamson aus Köln zu treten, hatte sich die Beziehung zu ihrer Mutter verändert. Sie hatte das Gefühl, dass sie sie nun ernst nahm. Na ja, zumindest ernster als früher, als ihre Mutter sie als ein kleines Mädchen betrachtet hatte.

„Au!", schrie sie auf, als ein groß gebauter, breitschultriger Mann ihr seinen Ellenbogen in die Rippen stieß. Sie wurde von der Wucht des Stoßes gegen den Holzbalken eines Schmalzkuchenstandes geschleudert, der sich nun schmerzhaft in ihren Rücken bohrte.

„Pass doch auf, blöde Kuh!", zischte der Mann und sah sie aus kalten, dunklen Augen von oben herab an.

Carola hatte einen saftigen Fluch auf den Lippen, der ihrer Mutter alle Ehre gemacht hätte, aber als der Mann ihr einen weiteren Blick zuwarf, prallte sie zurück. Es stand ein so lodernder Hass in seinen Augen, dass ihr die Worte im Hals stecken blieben. Die Pupillen, gespenstisch angestrahlt von der Weihnachtsbeleuchtung, waren stecknadelkopfklein.

Der hat was genommen, dachte sie und drückte sich noch enger gegen den Balken. Nur nicht provozieren, wer weiß, was der dann tut, fügte sie in Gedanken hinzu. Mit einem letzten abgrundtief verachtenden Blick wandte sich der Mann ab und verschwand in der Menge.

Erleichtert atmete Carola auf. Zu spät erinnerte sie sich an ihre Aikido-Skills, die sie hätte einsetzen können. Unwillkürlich musste sie über sich selbst grinsen. Anscheinend hatte sie die Kampfkunst des Aikido noch nicht so weit verinnerlicht, dass sie die Bewegungen ohne nachzudenken ausführte. Da musste sie noch an sich arbeiten.

„Hat er dir weh getan?", ertönte plötzlich eine schnarrende Stimme neben ihr. Sie blickte zur Seite und fuhr erschrocken zurück. Dort stand … Knecht Ruprecht – oder besser: ein als Knecht Ruprecht verkleideter Mann. Carola nahm jedenfalls an, dass es ein Mann war … oder war es eine Frau? Die Figur war zierlich, es konnte auch eine Frau sein. Die Stimme war recht hoch, aber dumpf, was wohl an der Maske lag, die das Gesicht der Person verdeckte. Es war eine gruselige Maske, mit einem breiten Mund und großen Schneidezähnen. Auf dem Kopf waren zwei lange, spitze Hörner angebracht, die in die Luft ragten und geradewegs aus dem Kopf zu wachsen schienen. Carola schüttelte sich. Das war natürlich Unsinn, die Hörner waren an der Maske angebracht, wieso benahm sie sich so kindisch?

„N-nein, schon gut“, stotterte sie und wich noch ein Stückchen zurück, was bei der Menschenmenge, die unaufhörlich an ihnen vorbeiströmte, und dem Balken, an den sie sich presste, gar nicht so einfach war. Niemand nahm Notiz von ihnen, obwohl die Verkleidung der Person alles andere als unauffällig war. Sie trug einen schwarzen Fellmantel, der von einem breiten Gürtel zusammengehalten wurde und direkt in die unheimliche Maske überging. Auch die obligatorische Rute fehlte nicht, die sie in der linken von einem schwarzen Handschuh verhüllten Hand hielt.

Knecht Ruprecht rückte dicht an sie heran, sodass ihr der Geruch des feuchten Fells in die Nase stieg, vermischt mit einer schwachen Schweißnote. In jedem Falle steckte also unter dem Kostüm ein Mensch. Ein Fabelwesen würde doch nicht nach Schweiß riechen, oder?

Carolas Verstand arbeitete noch. Das beruhigte sie ein wenig. Sie legte die Hände auf ihre Brust und atmete zusätzlich ein paarmal tief ein und aus.

„Nein, gar nicht gut“, schnarrte Knecht Ruprecht wieder und schüttelte den Kopf, sodass das gruselige Gesicht vor Carolas Augen hin- und herschwankte.

„Er darf dir nicht weh tun. Das ist verboten!“

„Es ist ja nichts passiert“, hörte sich Carola sagen, während sie wie hypnotisiert auf die zwei Schlitze starrte, hinter denen sie die Augen der Person nur erahnen konnte. Knecht Ruprecht stand nun so dicht vor ihr, dass das Fell seines Mantels ihre Hände streifte und sich die Wärme seines Körpers auf sie übertrug. Sämtliche Härchen stellten sich bei ihr auf, und trotz der Hitze, die er abstrahlte, lief ihr ein Schauer über den Rücken.

„Bitte, lass mich in Ruhe, mein Freund kommt bald!“, flüsterte sie. Sie hatte fest und bestimmt sprechen wollen, aber ihre Stimme hörte sich weinerlich an.

„Er darf dir nicht weh tun“, wiederholte Knecht Ruprecht stattdessen und drängte sich noch enger an sie. Carola rutschte vom Balken weg an die Seite des Standes in eine dunkle Lücke, die den Abstand zum nächsten Stand bildete. Nun waren sie vom Strom der Menschen endgültig abgeschnitten und standen im Schatten zwischen den zwei Ständen. Knecht Ruprecht presste sie an die Seitenwand, und sie spürte das raue Holz in ihrem Rücken. Sie saß in der Falle.

Da setzte Carolas Denken aus, und ihr Körper übernahm die Kontrolle. Sie spannte sich an, um sich aus der Bedrängnis zu befreien, als urplötzlich die schwarz behandschuhte Hand von Knecht Ruprecht vorschnellte, und er mit Zeige- und Mittelfinger ihr Gesicht berührte. Zärtlich fuhr er die Linien ihres Gesichts nach, vom Nasenrücken über ihre Wangenknochen bis zu ihrem Kinn.

„So schön", schnarrte die Stimme, die nun einen kehligen Unterton angenommen hatte. „Und so unschuldig".

Carola erstarrte. Angst flutete ihren Körper, ihr Kopf war wie leer gefegt. Sie spürte das weiche Leder des Handschuhs auf ihrem Gesicht, das an den Stellen, an denen es berührt wurde, zu kribbeln begann.

„Bitte", krächzte sie, „bitte, lass mich in Ruhe. Bitte!" Mehr brachte sie nicht heraus.

„Ich werde nicht zulassen, dass er dir noch mal weh tut", wisperte die unheimliche Stimme Knecht Ruprechts, dann zog er die Hand von ihrem Gesicht weg und wich mit einer geschmeidigen Bewegung einen Schritt zurück. In leicht gebückter Haltung und mit schräg gelegtem Kopf beobachtete er sie. Das genügte. Carola sprang mit einem Satz zurück in das Licht und vor die Bude, an die sie sich soeben noch, bedrängt von dem unheimlichen Fremden, gepresst hatte. Und da stand … Ole! Ihr Freund sah sich suchend um. Mit einem Schrei der Erleichterung warf sie sich in seine Arme und drückte sich an ihn.

„Na, na, so lange ist es nun auch wieder nicht her, dass wir uns zuletzt gesehen haben", lachte er ihr ins Gesicht und gab ihr einen Kuss auf die Nase. Dann legte er den Kopf schräg und betrachtete sie. Seine Haltung glich auf unheimliche Weise der von Knecht Ruprecht, sodass sie sich unwillkürlich versteifte.

„Was ist los? Du siehst aus, als hättest du ein Gespenst gesehen", sagte Ole besorgt und nahm sie wieder in den Arm. „Alles okay?"

Carola atmete tief durch und wandte sich um. Sie sah Menschen, große, kleine, Pärchen und Freundesgruppen, junge Familien und Frauen mit blinkenden Weihnachtsmützen auf dem Kopf. Alle lachten, tranken, aßen und waren bester Laune. Von Knecht Ruprecht war nichts zu sehen. Er war wie vom Erdboden verschluckt.

Wieder schmiegte sie sich an ihren Freund.

„Ja, alles okay. Ich bin nur froh, dass du da bist."

„Komm!" Ole zog sie mit sich. „Da sind Lilly und Ferdinand. Markus, Lena und Kalle kommen auch gleich."

Sie ließ sich mitziehen, drehte sich aber noch ein paarmal suchend um. Keine Gruselmaske, kein Fellmantel und keine Hörner weit und breit.

Es wurde ein schöner Abend.

Carola war mit brummendem Schädel neben Ole aufgewacht. Sie hatte bei ihm in seinem Elternhaus übernachtet. Das war praktischer als nach Hause zu fahren, weil er mitten in der Stadt wohnte. Nach zwei Kopfschmerztabletten fühlte sie sich besser. Das war wohl ein Glögi zu viel gewesen.

Gähnend schloss sie die Tür ihres Elternhauses auf. Gut, dass Samstag war, da konnte sie sich noch einmal hinlegen. Lächelnd dachte sie an den vergangenen Abend zurück. Es war sehr lustig geworden und mit zunehmendem Alkoholkonsum immer lustiger. Kalle hatten sie hinterher in die Bahn verfrachten, und Markus hatte mitfahren müssen, weil Kalle eindeutig zu viel von den geistigen Getränken genossen hatte. Aber wat soll et, würde ihre Mutter sagen. Sie waren nur einmal jung, und jetzt war Wochenende, da konnten sie sich vom Glögi erholen.

Der Vorfall mit Knecht Ruprecht war nur noch eine verschwommene Erinnerung, wenn überhaupt. Carola war sich nicht einmal mehr sicher, ob sie tatsächlich so stattgefunden hatte. Hatte sie sich das Erlebnis nur eingebildet? Egal. Der Abend war toll gewesen, und sie hatte sich absolut sicher gefühlt. Sie hatte ihren Freunden nichts erzählt und würde es auch nicht tun. Sie würden sich nur über sie lustig machen. Auch Ole wusste nichts von Knecht Ruprecht. Er würde sich vor allem Sorgen machen, und das wollte sie auf gar keinen Fall.

In der Küche traf sie auf ihren Vater, der eine angebissene Brötchenhälfte in der Hand hielt und einen großen Becher mit Kaffee vor sich stehen hatte. Mit den Fingern seiner anderen Hand drückte er auf seinem iPad herum, das er vor dem Frühstücksteller aufgebaut hatte. Carola sah, dass er eine Webseite mit Vogelmotiven anstarrte. Sie musste grinsen. Vögel und Brötchen, zwei absolute Leidenschaften ihres Vaters. Von ihrer Mutter fehlte jede Spur, ebenso von ihrer jüngeren Schwester Nicola.

Bernd-Karl Williamson sah auf und blickte seiner Tochter geradewegs in die Augen.

„Oh, oh", machte er anstelle einer Begrüßung. „Das war wohl ein Glühwein zu viel." Er grinste.

Carola grinste zurück.

„Der letzte war nicht gut, wie immer", meinte sie leichthin und ließ sich auf einen freien Stuhl ihrem Vater gegenüber fallen.

„Wo ist denn der Rest der Familie?"

„Nicola ist bei einem Manga-Workshop in der Volkshochschule, und Mama musste heute Nacht raus, sie hat einen neuen Fall", antwortete Bernd-Karl und biss herzhaft von seinem Mehrkornbrötchen ab.

„Mmmm, einfach super lecker", schwärmte er mit vollem Mund. „Willst du auch was essen?"

„Nein, nein", wehrte Carola ab. Der Gedanke an Essen überforderte sie noch. „Ich habe schon bei Ole gefrühstückt", fügte sie schnell hinzu, bevor ihr Vater ihr von den sensationellen Brötchen vorschwärmen konnte, die er besorgt hatte, um sie doch noch zum Essen zu überreden.

„Mmmmmhhh", machte Bernd-Karl geistesabwesend und starrte wieder auf sein iPad.

„Was ist?", fragte Carola mehr aus Pflichtgefühl, denn aus echtem Interesse.

„Die Polizei hat gerade eine Pressemitteilung herausgegeben. Das ist der Fall, weswegen deine Mutter wegmusste. Es handelt sich vermutlich um Mord, aber um einen sehr ungewöhnlichen. Vielleicht geht die Polizei deshalb so früh an die Öffentlichkeit."

Carolas Interesse war geweckt.

„Lies mal vor", forderte sie ihren Vater auf und schenkte sich einen Kaffee ein.

Schnell überflog Bernd-Karl die Nachricht und schüttelte dann ungläubig den Kopf.

„Das ist ja ein Ding", stieß er aus. „Anscheinend hat es einen ungewöhnlichen Todesfall gegeben. Ein Mann Mitte dreißig ist im Parkhaus in der Osterstraße in seinem Auto tot aufgefunden worden. Die Autotür stand offen, er saß regungslos auf dem Fahrersitz. Er stand unter Drogeneinfluss."

„Wieso wusste man, dass er tot war?", fragte Carola dazwischen. „Er könnte doch nur betrunken gewesen sein und geschlafen haben. Oder er war von den Drogen betäubt."

Ihr Vater schaute auf.

„Weil in seinem Kopf ein Horn steckte."

Eine Mischung aus Angst und Nervosität flutete Carolas Körper. Ihr Kopf ruckte hoch.

„Was?", stieß sie aus, sprang von ihrem Stuhl auf, lief zu ihrem Vater und beugte sich über das iPad, um die Pressemittelung mitzulesen.

Sie las sie bis zum Ende durch.

„Das ist ja der Hammer!", stöhnte sie und fasste sich an den Kopf. „Das glaube ich nicht!"

Bernd-Karl drehte sich um und sah alarmiert zu seiner Tochter hoch.

„Mensch, Carola, was ist denn los?"

Mit zitternden Fingern deutete sie auf den Bildschirm.

„Hier steht, dass man rekonstruieren konnte, dass der Mann vorher auf dem finnischen Weihnachtsmarkt war. Und dass man ihm ein Horn, bestehend aus echtem Keratin, in den Kopf gerammt hat, genau zwischen die Augen. Das Horn stammt vermutlich von einem Kostüm, es wurde abgebrochen, aber es waren Fellreste daran, es handelt sich um künstliches Fell. Oh mein Gott!"

Carola schwankte. Ihr Vater sprang auf und half ihr, sich zu setzen.

„Kleine, du bist ja völlig durch den Wind. Was ist denn los?"

Mit brennenden Augen sah ihn seine Tochter an.

„Papa, ich glaube, ich bin dem Mann begegnet. Und auch seinem Mörder. Wir sollten Mama anrufen."

Winterwunderwald

Wunderschön sah die Eilenriede in diesem Dezember aus. Endlich gab es kaltes Wetter, sodass sich eine dünne Frostschicht über die Pflanzen gelegt hatte. Im fahlen Sonnenlicht glitzerten die Bäume und Sträucher und präsentierten sich als verzauberter Märchenwald.

Der Atem Svenjas produzierte kleine Dampfwölkchen. Sie stieß die Luft aus und machte sich einen Spaß daraus, den Atem mal in langen, mal in kurzen Abständen von sich zu geben. Sie kicherte. Wären ihr nicht im beständigen Fluss Spaziergänger entgegengekommen, die ebenfalls kleine Wölkchen vor sich hertrugen, wäre sie den Weg entlanggehüpft. Es war Freitag, und heute hatte sie früher Schluss machen können. Als Belohnung schenkte sie sich selbst einen Spaziergang in der Eilenriede, die sie von ihrem Bürofenster aus schon den ganzen Morgen in ihrer Winterwunderpracht betrachtet hatte. Ihr unerträglicher Chef, Herbert Casper, war heute wieder besonders cholerisch gewesen. Am Morgen war er vordergründig freundlich, sodass Svenja ganz besonders auf der Hut sein musste. Alle Kolleginnen und Kollegen wussten: Wenn er morgens nett daherkam und einen anscheinend verbindlichen Ton anschlug, der eher dem Zischeln einer Schlange ähnelte, reagierte er unberechenbar und konnte im Laufe des Tages einen seiner berühmten Wutanfälle kriegen. Und so kam es auch. Als sie aus der Mittagspause zurückgekehrt war, hatte er die gesamte Belegschaft angeschrien, das Büro sei ein einziger Saustall, den sie zu verantworten und selbstverständlich aufzuräumen habe. Dann hatte er Svenjas Kollegin Marie zu sich ins Büro zitiert und sie so heftig angebrüllt, dass es noch auf dem Flur zu hören war. Die Worte „Unfähigkeit", „typisch Frau" und „Abmahnung" hallten durch die Zimmer, woraufhin Svenja und ihre Kollegen verzweifelte Blicke austauschten. Als Marie schließlich wieder zu ihnen stieß, war sie in Tränen aufgelöst. Sie schluchzte dermaßen heftig, und Svenja bekam Angst, ihre Kollegin könne hyperventilieren. Auch der Trost aller Kollegen, die nacheinander zu Marie kamen und sie in die Arme nahmen, hatte nicht geholfen. Marie war die Jüngste unter ihnen und deshalb Herbert Caspers bevorzugtes Opfer. Sie hatte weder die Berufs- noch die Lebenserfahrung und schon gar nicht das Standing, sich zu behaupten. Casper wusste das definitiv, und genau das war der Grund, warum er seine Minderwertigkeitskomplexe und seinen Frust an der jungen Frau ausließ. Svenja glaubte nicht, dass Marie lange durchhalten würde, dabei war sie eine wirklich gute Designerin. Alle wussten das, wahrscheinlich auch ihr Chef, und exakt hier lag sein Problem. Marie war für Herbert Casper eine Gefahr, denn sie rührte aufgrund ihres überlegenen Wissens ungewollt an seiner Autorität. Anstatt sie als Bereicherung zu empfinden, glaubte Casper, sie diffamieren und ihr Selbstbewusstsein zerstören zu müssen, damit seine Kompetenz nicht infrage gestellt wurde.

Svenja mochte ihre junge Kollegin. Sie war freundlich, hilfsbereit und dazu kompetent; und soweit Svenja wusste, arbeitete sie ehrenamtlich an irgendeinem Projekt zum Schutz der Natur mit. Wenn sie sich recht erinnerte, beim NABU.

Svenja seufzte und atmete tief durch, was eine besonders dichte Wolke vor ihrem Gesicht entstehen ließ. Marie wäre nicht die Erste, die das Team wieder verlassen würde, und dies wäre ein echter Verlust. Auch Svenja selbst trug sich mit dem Gedanken, sich eine andere Stelle zu suchen, hatte aber bis jetzt nicht den Absprung geschafft. Die Firma lag in der Nähe ihrer Wohnung und war gut zu erreichen. Und da war ja noch die Eilenriede. Sie hatte schon als Kind den Stadtwald geliebt und war oft mit ihren Eltern und später mit ihren Freunden hierhergekommen. Den ersten echten Kuss hatte sie auf dem Spielplatz bekommen, der unmittelbar an der Hohenzollernstraße lag. Svenja lächelte in Gedanken daran. Sie hatte sich extrem unwohl dabei gefühlt, und der Junge ebenfalls. Küssen konnte er jedenfalls nicht. Svenja erinnerte sich, dass sie, als er ihr die Zunge in den Hals gesteckt hatte, sich erstaunt und ein wenig irritiert fragte, ob das alles wäre und warum alle Welt so einen Wirbel darum machte. Sie fand das ziemlich eklig. Es hatte einige Jahre gedauert, bis sie wieder bereit war, jemanden so nah an sich heranzulassen.

Aber dafür konnte die Eilenriede nichts, deren Bäume nun im Licht der Wintersonne glänzten. Svenja legte beim Gehen den Kopf in den Nacken und sah zu den Riesen auf, die sich im Wind sanft hin- und herwiegten und dabei leise klimpernde Geräusche von sich gaben. Sie schloss kurz die Augen und atmete tief ein und aus. Oh, das tat gut!

Sie spürte, wie all die Last der vergangenen Arbeitswoche und der nicht zu leugnenden Eskalation heute von ihr abfielen, und summte leise ein Weihnachtslied. „Oh Tannenbaum" natürlich. Wieder grinste Svenja und hob dann den Kopf. Die wenigen Leute, die ihr entgegenkamen, mussten sie für geistesgestört halten, aber das war ihr egal.

Svenja drang tiefer in den Wald ein, der immer dichter und einsamer wurde. Schließlich glaubte sie, die Einzige zu sein, die sich in der Eilenriede befand, die, so hatte sie irgendwo gelesen, das größte innerstädtische zusammenhängende Waldgebiet in ganz Europa bildete. Das glaubte sie nur zu gern. Sie hatte den Eindruck, hier das alleinige lebendige Wesen zu sein. Kein Rascheln war zu hören, kein Wintervogel, der erschrocken von einem Baumwipfel aufflog, kein Scharren im Unterholz. Es war, als ob die Natur den Atem anhielte und ihr zusähe, wie sie immer tiefer in den Wald stapfte, der doch mitten in der Stadt lag. Aber der Lärm Hannovers wurde von den Bäumen und Sträuchern geschluckt. Nur Svenjas dumpfe Schritte auf dem gefrorenen Boden waren zu hören.

Wie auf einem anderen Planeten, dachte sie und rieb sich die Wangen, die vor Kälte ganz erstarrt waren.

Schließlich bog sie auf einen schmalen Pfad ein, direkt auf den Spielplatz des ersten Kusses zu. Der Pfad schlängelte sich geradewegs auf einen der größeren Wege zu, der am Spielplatz entlang auf die Hohenzollernstraße führte. In unregelmäßigen Abständen waren Bänke errichtet. Auch sie lagen verlassen da und machten den Eindruck, als ob sie ein wenig beleidigt wären, dass sie nicht genutzt wurden.

Da entdeckte Svenja eine Gestalt auf einer der Bänke, die genau gegenüber von dem Spielplatz aufgestellt worden war. Also war sie doch nicht die Einzige hier! Sie wusste nicht, ob sie darüber erleichtert oder besorgt sein sollte, zumal sich ein seltsames Kribbeln einstellte, das ihr Rückgrat hoch- und herunterrieselte.

Sie schüttelte ihr Unwohlsein ab und schalt sich selbst eine Närrin. Warum überfiel sie so plötzlich ein Angstgefühl? Da saß ein Mann auf der Parkbank, na und? Dass es ein Mann war, erkannte sie, als sie dichter an die Gestalt herantrat. Er blickte genau auf den Spielplatz. Obwohl ihr Atem unwillkürlich schneller ging, setzte sie Schritt für Schritt, um sich der Bank mit dem Mann zu nähern, der sich nicht rührte. Ihr Blick war starr auf den Hinterkopf des Mannes gerichtet, dessen spärliches Haar sich leicht im Wind bewegte. Der Oberkörper war ein wenig zur Seite geneigt, ebenso der Kopf. Obwohl sie die Gestalt nur von hinten sehen konnte, beschlich sie immer stärker das Gefühl, dass etwas nicht stimmte. Das hing auch damit zusammen, dass ihr die Person, je näher sie ihr kam, vertraut schien. Schließlich war sie bis auf wenige Meter an den reglos auf der Bank sitzenden Mann herangekommen. Er trug eine Steppjacke in undefinierbarer Farbe, irgendwo zwischen Grau und Grün. Auch sie kam Svenja bekannt vor.

„Hallo“, sprach sie die Gestalt an und schluckte. Ihre Stimme war ein tonloses Krächzen. Svenja räusperte sich und wiederholte mit festerer Stimme: „Hallo?“

Weder rührte sich der Mann noch antwortete er ihr. Er stierte geradeaus, so schien es. Langsam umrundete sie die Bank und näherte sich von der rechten Seite, während ihr Blick wie magisch angezogen auf der Gestalt ruhte. Kalter Schweiß breitete sich unter ihren vielen Kleiderschichten aus, die sie zum Schutz gegen die Kälte übergestreift hatte. Dennoch zitterte sie. Sie kannte den Mann, da war sie sich sicher. Aber das konnte doch gar nicht sein! Sie hatte ihn vor ungefähr anderthalb Stunden das letzte Mal in ihrem Büro gesehen. Das war doch nicht, das konnte doch nicht …

Inzwischen stand sie frontal vor ihm. Ein leerer Blick aus unnatürlich weit aufgerissenen Augen begegnete ihrem. Ein heißer Strahl fuhr ihr in die Glieder, und sie erstarrte. Ihr Atem beschleunigte sich, sie drohte, wie heute Mittag ihre Kollegin, zu hyperventilieren. Er war es!

„Herr Casper!“, schrie sie und machte einen Satz zurück. Da saß er, ihr Chef, auf einer Parkbank in der Eilenriede, und er saß da nicht etwa in aufrechter Haltung. Keineswegs. Die leblosen, schreckgeweiteten Augen, der leicht zur Seite geneigte Körper, die graue Haut, das sich sacht im Wind bewegende Haar …

„Herr Casper?“, wiederholte sie nun leiser und fragend. Er rührte sich nicht. Der Boden schwankte unter ihren Füßen, und es dauerte einen Moment, bis sie gewahr wurde, dass sie es war, die schwankte. Ein paarmal atmete sie tief ein und aus und versuchte sich zu beruhigen, dennoch zitterte sie am ganzen Körper. Ihr Chef sah aus, als ob er … sie zwang sich, das Unvorstellbare zu denken, als ob er tot wäre!

„Herr Casper, geht es Ihnen gut?“, flüsterte sie dennoch wider jede Vernunft und kam sich gleichzeitig albern vor. Es war offensichtlich, dass er nicht mehr lebte, vor allem deshalb, weil sich ein roter, großer Fleck auf der Steppjacke abzeichnete, genau auf der Höhe des Herzens. Ebenso weigerte sich ihr Gefühl zu akzeptieren, dass sie soeben ihren Chef tot in der Eilenriede gefunden hatte. Und er war nicht eines natürlichen Todes gestorben.

Langsam, Schritt für Schritt und ganz vorsichtig, ging sie zurück, ihren toten Chef nicht aus den Augen lassend. Er schien sie mit seinem leeren Blick zu verfolgen, der einen leicht erstaunten Ausdruck angenommen hatte, als ob er sich über sie wundere, warum sie so erschrocken sei. Oder aber er wunderte sich über sich selbst, weil er tot war, oder er wunderte sich über seinen Mörder, der ihn angegriffen hatte …

All diese Gedanken blitzten durch ihren Kopf, als sie sich in Zeitlupe von ihm fortbewegte. Nach einigen Schritten wandte sie sich um und rannte, als ob der Teufel höchstpersönlich hinter ihr her wäre, von dem breiten Weg und der Bank weg geradewegs in den Wald. An einer Eiche mit dicker, rauer Rinde hielt sie schließlich an und rang nach Atem. Noch immer zitterte sie am ganzen Körper, gleichzeitig war sie in Schweiß gebadet. In ihren Ohren brauste es unnatürlich laut. Svenja lehnte ihre Stirn an die kühle Rinde des Baumes, der vielleicht schon seit Jahrzehnten, womöglich schon seit Jahrhunderten hier stand und allem getrotzt hatte: Kriegen, Stürmen und all den großen und kleinen Auseinandersetzungen, mit denen sich die Menschen aufhielten.

Svenjas Herz hämmerte so stark gegen ihre Brust, dass sie meinte, es müsse gleich zerspringen.

Polizei!, schoss es plötzlich durch ihren Kopf. Ich muss die Polizei rufen!

Sie holte ihr Handy aus der Jackentasche und wählte 110. Während sie stockend und mit zittriger Stimme durchgab, was sie gesehen hatte und dass sie die Person kannte, die tot auf der Parkbank in der Eilenriede saß, nahm sie eine Bewegung wahr. In einiger Entfernung ging eine Gestalt mit einer Schubkarre und Gartengeräten entlang. Sie trug einen grünen Overall und war dick vermummt. Svenja glaubte, Stroh in der Schubkarre zu entdecken, vielleicht wurden Tiere in der Eilenriede gefüttert.

„Hey!“, schrie sie und schoss aus dem Unterholz hervor und von der Eiche weg, gegen die sie sich immer noch gelehnt hatte. „Warten Sie!“

Doch als sie den Weg erreicht hatte, war der Waldarbeiter verschwunden. Hektisch wirbelte Svenja nach allen Seiten und durchbohrte die Umgebung mit ihren Blicken. Nichts. Kein Mann weit und breit. Hatte sie sich die Gestalt nur eingebildet?

„Hallo?“, ertönte es da aus ihrem Handy. „Sind Sie noch dran?“

„J- ja“, stotterte Svenja und presste sich das Handy wieder ans Ohr. „Ja, klar.“

„Gut. Die Kollegen sind gleich vor Ort. Bitte warten Sie da und bleiben dort.“

„Aber ich gehe nicht wieder zu Herrn Cas … der Leiche zurück. Auf keinen Fall!“, entfuhr es ihr.

„Das müssen Sie auch nicht. Gehen Sie zur Straßenecke Walderseestraße/Bernadotteallee am Lister Turm. Bleiben Sie einfach da, und warten Sie auf die Kollegen!“

Svenja ließ die kleine Kommissarin, die am ganzen Körper Ungeduld und Unzufriedenheit ausstrahlte, nicht aus den Augen. Die Frau ging mit trippelnden Schritten hin und her, und wenn sie stehen blieb, dann nur, um von ihren Fersen auf die Zehen und wieder zurückzuwippen. Ihr rotes Haar stand ihr wie die Schlangen auf dem Kopf der Medusa nach allen Seiten hin ab, und ihr Gesicht war gerötet. Ob vor Kälte oder vor Ärger, vermochte Svenja nicht zu sagen. Die kleinen braunen Knopfaugen der Frau schienen alles und alle genau zu beobachten und verrieten eine Intelligenz, die von der unförmigen Gestalt und ihrem zerstreuten Auftreten nur unzulänglich verborgen wurde. Svenja jedenfalls war sich sicher, dass der Frau nichts entging, wobei sie im Moment nur eingeschränkt auf ihre eigene Urteilskraft vertraute.

Die Kommissarin hatte sich ihr als „Williamson, nur Williamson“ vorgestellt und dann hinzugefügt: „Dat reicht“. Da war sie noch recht freundlich gewesen, vorhin, am Rande der Eilenriede, an der Hohenzollernstraße, bevor sie das Unvorstellbare entdeckt hatten.

„Also noch mal“, entfuhr es der Kommissarin, und sie wandte sich mit einer Behändigkeit zu Svenja um, die sie der Frau nicht zugetraut hatte. Der rechte Zeigefinger wurde von Frau Williamson ausgefahren und zeigte nun direkt auf sie.

„Sie sind sich sicher, dat die Leiche hier“, sie zeigte auf die Parkbank, dann wieder auf Svenja, „gesessen hat? Genau hier. Richtig?“

Svenja verspürte plötzlich den absurden Drang, laut loszulachen. Die Situation war einfach zu unwirklich! Nicht nur, dass die Frau einen ausgeprägten Dialekt hatte, den Svenja dem Rheinland zuordnete, nein, was noch viel unmöglicher war, war das, was sie vorgefunden hatten, als sie zusammen mit der Kommissarin namens Williamson, ihren Kollegen, uniformierten Polizisten und, nicht zu vergessen, der Spurensicherung – Svenja nahm jedenfalls an, dass es die Spurensicherung war – wieder bei der Parkbank angekommen war. Nämlich: nichts. Die Leiche war – weg. Die Bank lag unschuldig im nun einsetzenden Dämmerlicht da. Sie und alle Polizisten konnten jetzt erkennen, dass etwas auf die Bank aufgesprayt worden war. „Anomalie" stand da in großen, roten Lettern auf violettem Grund. Das hatte Svenja zuvor nicht gesehen und auch nicht sehen können, als Herr Casper noch auf der Bank gesessen hatte, und zwar tot, wie sie sich in Erinnerung rief. Wieder regte sich tief in ihrem Innern der surreale Drang zu lachen. Wenn eine verschwundene Leiche keine Anomalie war, was dann?

Sie verschränkte die Arme vor ihrem Oberkörper.

„Ja, ich bin sicher!", antwortete sie mit mehr Trotz in der Stimme, als sie es für möglich gehalten hätte. „Sie war hier, genau hier. Sie hat hier gesessen, aber, aber …" Svenja schluchzte auf. „Er war tot, der Casper."

„Tote bewegen sich nit weg!", schnaubte die Kommissarin und nahm ihre unruhige Wanderung wieder auf. „Sie bleiben, wo sie sind. Dat haben Tote nun mal so an sich!"

„Chefin!"

Eine äußerst attraktive junge Frau trat auf die Kommissarin zu und blickte auch Svenja aus den Augenwinkeln freundlich an. Diese erwiderte das Lächeln der Frau. Endlich war jemand Nettes auf der Bildfläche erschienen. Gleichzeitig fühlte sich Svenja in ihrer dicken Steppjacke, ihren Jeans und mit den zerzausten Haaren, die eher Williamsons „Haarpracht" als einer ordentlichen Frisur glichen, unwohl, wenn sie die junge Polizistin betrachtete. Deren Attraktivität verdeutlichte Svenjas eigenes, mitgenommenes Äußere nur noch mehr.

Sie schüttelte diesen Gedanken ab und spürte wieder, wie haltloses Gelächter in ihr hochkroch. Tiefes Durchatmen half ihr, sich zu beruhigen. Das konnte doch alles gar nicht wahr sein!

„Herbert Casper ist heute noch nicht nach Hause gekommen", hörte sie da die melodiöse Stimme der jungen Frau. „Sein Vater und sein Bruder bestätigen beide, dass er gegen 15 Uhr zu Hause hätte sein sollen, weil er mit ihnen zusammen einkaufen wollte, aber er kam nicht – bis jetzt jedenfalls."

„Hm", die ältere Kommissarin fuhr sich durch ihre wirren Haare, sodass sie noch mehr nach allen Seiten abstanden. „Wat is mit seinem Handy?"

„Ausgeschaltet, es geht sofort die Mailbox an", antwortete die aparte junge Polizistin wie aus der Pistole geschossen. Ihr Blick fiel wieder auf Svenja. Nach einem kurzen Augenkontakt mit ihrer Vorgesetzten kam sie zu ihr und stellte sich vor.

„Elena Grifo, guten Tag, Frau Wagner."

„Hallo", hauchte Svenja, wobei sich wieder eine kleine Atemwolke vor ihrem Gesicht bildete, wie auch bei allen anderen Menschen, die sich auf der Lichtung aufhielten. Nur bei Herbert Casper war keine Atemwolke zu sehen gewesen. Ihr schauderte.

„Es tut mir leid", sagte Elena Grifo sanft und legte eine Hand auf Svenjas Unterarm. Die Berührung tat Svenja gut. „Es muss ein ziemlicher Schock für Sie gewesen sein."

„Ich weiß nicht, was mich mehr schockiert hat: die Leiche von Herrn Casper", Svenja schluchzte auf, „oder dass sie jetzt verschwunden ist!"

Als die Polizisten eingetroffen waren, hatte Svenja sie am Spielplatz entlang und zur Parkbank geführt. Schon von Weitem hatte sie gesehen, dass sich die Leiche nicht mehr auf der Bank befand, was eine Schockwelle durch ihren Körper gejagt hatte. Mit wachsender Ungeduld hatte die kleine, rothaarige Kommissarin ihren Erklärungen gelauscht und dann an ihre beiden Mitarbeiter Befehle gebellt. Svenja war unter ihrem harschen Auftreten immer kleiner geworden.

„Haben Sie wat zu dem Dings … Melchior …", fing die Kommissarin an.

„Casper", unterbrach sie Grifo dezent.

„Wie auch immer, zu dem Mann … rausgefunden?", vollendete die Polizistin und wandte sich an einen beleibten Mann, dessen runder Kopf von einer Bommelmütze gekrönt wurde, die dafür sorgte, dass seine feisten Wangen nur noch mehr betont wurden.

„Ja, Chefin." Der Mann riss seine blauen Augen auf, die an die Augen eines Fischs erinnerten, und blätterte in seinen Notizen.

„Herbert Casper, 56 Jahre alt, wohnhaft in der Hohenzollernstraße. Er lebt dort zusammen mit seinem Vater und seinem Bruder in einer Altbauwohnung. Ledig. Sein Leben scheint nur aus …"

„... Arbeit zu bestehen“, vollendete Svenja Wagner und schlang die Arme um ihren zitternden Körper. Gleichzeitig nickte sie heftig. „Genauso ist es.“

Alle drei Kommissare sahen auf und sie an. Svenja fühlte sich unter ihren Blicken zunehmend unwohl.

„Er ist mein Chef. Da muss ich das ja wissen“, flüsterte sie.

„Ja, ja, dat wissen wir alles“, erwiderte die kleine Kommissarin ungeduldig. „Wat machen Sie da eigentlich in Ihrer Firma?“

„Produktdesign. Wir entwerfen Designs für Produkte von verschiedenen Firmen, hauptsächlich im Lebensmittelbereich, also Konsumgüter.“

„Finden Sie et nit komisch, dat ausgerechnet Sie ihren Chef, angeblich mausetot, hier auf der Bank mitten in der Eilenriede gefunden haben?“, fragte Williamson mit einem süffisanten Unterton.

Das war zu viel für Svenja. Sie schlug die Hände vors Gesicht und schluchzte erneut auf.

„Natürlich finde ich das komisch! Sehr sogar! Ich kann mir das nur so erklären, dass er auch hier in der Eilenriede spazieren ging, genau wie ich. Unser Büro liegt ja direkt um die Ecke!“

Grifo war so schnell neben ihr, dass es Svenja kurzzeitig schien, als wäre sie eher geschwebt als gegangen. Die junge Kommissarin legte einen Arm um sie und warf ihrer Chefin einen warnenden Blick zu.

„Wie ist er denn so – als Chef?“, fragte sie mit ihrer sanften Stimme.

„Er ist furchtbar“, brach es aus Svenja heraus, was dazu führte, dass alle drei Köpfe der Kommissare zu ihr herumfuhren. Sie hatte nun die volle Aufmerksamkeit der Beamten. Während sie von ihrem Arbeitsalltag und dem unmöglichen Auftreten Herbert Caspers berichtete, verwandelte sich der Gesichtsausdruck der ranghöchsten Kommissarin von ungläubig zu angewidert und dann zu misstrauisch. Svenja musste an ein lauerndes, kleines Raubtier denken, bereit, sofort zuzuschlagen, wenn es sein musste.

„Sie mochten ihn also nit“, schlussfolgerte die Vorgesetzte von Elena Grifo schließlich und sah ihr direkt in die Augen.

„Nein, ich mochte ihn nicht“, antwortete Svenja und war über die Aggressivität in ihrer Stimme erstaunt. „Wie im Übrigen die gesamte Belegschaft, aber das macht mich noch lange nicht zu einer Mörderin!“

„Dat wäre dann ein Mord ohne Leiche“, erwiderte die Kommissarin trocken. „Die is immer noch weg, oder nit? Et sieht nit so aus, als ob hier jemand gesessen hätte!“

„Na ja, nicht ganz“, ertönte da eine weitere weibliche Stimme. Sie gehörte einer kleinen, schlanken Frau in einem weißen Overall. Sie kam nun herübergeschlendert, sodass Svenja ihre ausnehmend hübschen Züge sehen konnte.

Die Frau stellte sich als Alina Walter vor und meinte: „Hier hat auf jeden Fall jemand gesessen. Der Raureif auf der Bank ist ziemlich mittig weggetaut, sowohl auf der Sitzfläche als auch an der Lehne. Ist noch nicht lange her.“ Sie sah leicht nach oben in den dämmrigen Abend. „Es beginnt wieder anzuziehen, aber wir haben alles dokumentiert. Ansonsten konnten wir nicht viel finden. Keine Spuren auf dem Boden, weil alles hart gefroren ist. Leider.“

Die rothaarige Kommissarin aus dem Rheinland wandte sich wieder Svenja zu. „Ein Handy-Foto haben Sie nit zufällig gemacht, oder?“ Der Tonfall in ihrer Stimme erinnerte an das Knurren eines Hundes.

„Zufällig nicht!“, blaffte Svenja zurück. „Ich war so geschockt, dass ich an gar nichts mehr gedacht habe. Ich wollte nur noch weg!“ Wieder schluchzte sie auf.

„Schon gut, Frau Wagner“, beruhigte Grifo sie und legte wieder die Hand auf Svenjas Unterarm. Die tröstende Geste tat ihr gut. Es war zum Verrücktwerden! Nicht nur, dass sie die Leiche ihres Chefs gefunden hatte, die nun verschwunden war, jetzt wurde sie auch noch zur Verdächtigen gemacht! Oder bestenfalls zur Verrückten!

„Ist heute im Büro etwas vorgefallen?“, schaltete sich nun der Mann ein, der … wie hieß er noch gleich? Wie irgendein Schauspieler, erinnerte Svenja sich, sah ihm aber überhaupt nicht ähnlich. Sie riss sich zusammen. Sie musste konzentriert bleiben, wollte sie das hier überstehen.

„Ja“, nickte sie. Dankbar, endlich etwas Konstruktives berichten zu können, erzählte sie von dem Vorfall im Büro mit ihrer Kollegin Marie. Die drei Kommissare wechselten einen Blick, dann wandte sich der Mann ab und zückte wieder sein Handy. Die drei schienen ein eingespieltes Team zu sein.

„Für mich gibt es hier nichts zu tun“, mischte sich ein groß gewachsener junger Mann mit blonden Haaren ein. „Keine Leiche, keine Rechtsmedizin, kein Schnippeln.“ Er grinste und schaute dabei zu Grifo.

„Michel, hör mit den blöden Sprüchen auf, da werde ich noch ganz bekloppt!“, fuhr die ältere Kommissarin ihn an, aber sie schmunzelte dabei.

Der schlaksige Mann zuckte mit den Schultern, packte seine Sachen zusammen, verabschiedete sich, nicht ohne Grifo einen weiteren schmachtenden Blick zuzuwerfen, und ging.

„Also jut, gehen wir noch mal alles durch", wandte sich die Frau namens Williamson an Svenja. „Erzählen Sie noch mal, wat Sie hier so erlebt haben!"

Svenja seufzte. Noch einmal berichtete sie, wie sie in der Eilenriede nach der Arbeit spazieren ging, wie sie sich dann dem Spielplatz frontal genähert und den Mann gesehen hatte, der mit dem Rücken zu ihr auf der Bank gesessen hatte. Irgendetwas war ihr komisch und zugleich bekannt vorgekommen, sodass sie dichter herangegangen war, ihn umrundet und ihn schließlich als ihren Chef erkannt hatte.

„Ich bin weggelaufen, bis in den Wald hinein. Dann habe ich den Notruf gewählt und da …" Svenja unterbrach sich, als ihr der Waldarbeiter einfiel, der mit der Schubkarre auf dem Weg an ihr vorbeigekommen war.

Grifo und Williamson legten gleichzeitig den Kopf schräg, was Svenja unter normalen Umständen ausgesprochen witzig gefunden hätte.

„Und da?", hakte Grifo nach.

„Und da war der Mann!" Aufgeregt blickte Svenja von Grifo zu Williamson und wieder zurück.

„Welcher Mann!?", herrschte Williamson sie an. „Dat haben Sie beim ersten Mal nit gesagt!"

Grifo legte nun ihrer Chefin eine Hand auf den Unterarm, um sie zu beruhigen.

„Das … das habe ich vergessen, ich war nicht ganz bei mir", verteidigte Svenja sich. „Aber jetzt fällt es mir wieder ein!" Aufgeregt berichtete sie von dem Waldarbeiter mit der Schubkarre.

„Waldarbeiten mitten im Winter bei Frost?", murrte die kleine Kommissarin und klimperte mit ihren Knopfaugen. „Dat is ungewöhnlich, oder nit?"

„Allerdings", bestätigte Grifo und schrieb eifrig mit. „Sehr sogar." Dann hob sie den Kopf und blickte Svenja an.

„Wie sah er aus? War er dick oder dünn? Groß oder klein? Haarfarbe? Besondere Merkmale?"

„Er war für einen Mann nicht besonders groß. Er hatte einen grünen Overall an und bestimmt noch Kleidung darunter, daher kann ich nicht sagen, ob er dick war." Svenja schloss die Augen und versuchte sich zu konzentrieren. „Eher dünn würde ich sagen, er sah jedenfalls nicht sehr dick aus, trotz der Winterkleidung. Sein Gesicht habe ich gar nicht gesehen, er war komplett vermummt, trug eine Mütze und hatte einen dicken Schal um sein Gesicht geschlungen." Svenja schüttelte den Kopf. „Ich war auch im Wald, es waren Zweige davor, ich habe ihn nur ganz kurz den Weg langlaufen sehen."

„War etwas in der Schubkarre?", fragte Grifo weiter.

Svenja nickte. „Ja, Stroh oder Heu oder so. Ich dachte, er füttert damit vielleicht Tiere hier in der Eilenriede. Es ist ja Winter."

„So könnte er die Leiche wegtransportiert haben", murmelte Williamson und fuhr sich durch ihre Haare.

„Das heißt, ich habe den Mörder gesehen?", fragte Svenja und schluckte. „Oh mein Gott!" Sie schlug die Hände vors Gesicht.

Der Polizist mit dem Schauspielernamen kam zurück. „Ich habe Marie Jürgens erreicht. Sie kommt ins ZKD, um eine Aussage zu machen."

„Da müssen wir auch hin", ergänzte Grifo und sah Svenja an. „Sie müssen mitkommen, damit wir Ihre Aussage aufnehmen können."

Svenja schlurfte langsam die Treppen zu ihrer Firma im zweiten Stock hoch. Es war Montagmorgen, und sie war zu Tode erschöpft. Kurzzeitig hatte sie überlegt, zu Hause zu bleiben, sich die Decke über den Kopf zu ziehen und den Tag einfach vorüberziehen zu lassen, aber das hätte auch nichts genützt. Schlafen hätte sie sowieso nicht können, wie sie auch das ganze Wochenende über kaum geschlafen hatte. Sie hatte sich im Bett hin- und hergewälzt und mit weit aufgerissenen Augen in jede Ecke ihres Schlafzimmers gestarrt. Wenn sie doch einmal für kurze Zeit weggeschlummert war, hatte sie die leeren Augen ihres Chefs vor sich gehabt, der sie vorwurfsvoll gemustert hatte. Diese Augen hatten sie verfolgt und nicht mehr losgelassen. Wer weiß, ob dies je geschehen würde. Manchmal sah sie auch den Waldarbeiter vor sich, wie er an ihr mit der Schubkarre vorbeigegangen war. Irgendetwas an seinem Gang war ihr komisch vorgekommen, aber sie wusste nicht, was es war.

Im Polizeipräsidium hatte sie am Freitagabend ihre Aussage wiederholt, die die Beamten aufgenommen hatten. Marie war sie dort nicht begegnet, obwohl sie wusste, dass sie da gewesen sein musste, aber sie hatten am späten Freitagabend noch miteinander telefoniert und sich gegenseitig erzählt, was die Beamten gefragt und was sie geantwortet hatten. Marie war genauso geschockt wie sie und die übrigen Kollegen der Firma, die natürlich auch befragt worden waren. Auch der Vater, der über achtzig war, und sein jüngerer Bruder, mit denen Casper zusammen lebte, mussten den Polizisten Rede und Antwort stehen. Der Vater hatte sich so aufgeregt, dass er ins Krankenhaus eingeliefert werden musste und Beruhigungsmittel bekam. Herbert Casper blieb verschwunden, ob tot oder lebendig. Es war einfach unbegreiflich.

Es dauerte eine Weile, bis Svenja den Schlüssel zu den Büroräumen ihrer Firma ins Schloss gesteckt und herumgedreht hatte. Sie war so zittrig, dass ihr der Schlüssel immer wieder abrutschte. Schließlich öffnete sie die Tür und trat in den dämmrigen Flur. Anscheinend war sie die Erste heute Morgen, was nicht verwunderte, denn schließlich war der Firmenchef auf mysteriöse Weise abhandengekommen. Da konnte man als Angestellter schon mal später erscheinen oder überhaupt nicht. Stille schlug ihr entgegen und noch etwas anderes: ein süßlicher Geruch, der Svenja an verdorbenes Fleisch erinnerte. Ihr drehte sich der Magen um.

Im Flur herrschte eine unheilvolle Atmosphäre. Es war, als ob etwas Böses in den Ecken und Ritzen lauerte, bereit, sich auf sie zu stürzen. Ihr lief es eiskalt den Rücken herunter. Sie sollte umdrehen und aus dem Büro flüchten, das spürte sie, aber wie von einem inneren Zwang getrieben, ging sie tiefer in den lang gezogenen Flur hinein.

Der Geruch wurde stärker. Svenja glaubte, gleich die Besinnung zu verlieren. Zu ihrer Überraschung sah sie, dass die Tür von Herbert Caspers Zimmer einen Spalt offen stand. Im Gegensatz zum Flur schien es dort hell zu sein, denn das Licht strömte aus dem Spalt in das Zwielicht des Flures. Hatten die Polizisten nicht erwähnt, dass sie das Büro von Herbert Casper am Freitagabend durchsucht und dann versiegelt hatten? Als sie noch näher trat, bemerkte sie, dass das Siegel, das die Beamten angebracht hatten, durchtrennt war.

Renn weg, schrie es in ihrem Kopf. Hau ab, solange du es noch kannst!

Aber wie von einem Magneten angezogen, ging sie immer weiter auf die angelehnte Bürotür zu, Schritt für Schritt. Der Geruch war nun so stark, dass Svenja ein Taschentuch aus der Hosentasche zog und es sich vor Mund und Nase hielt. Sie drückte gegen die Tür, die mit einem lauten Knarzen aufschwang, sodass Svenja zusammenzuckte.

Svenja gefror das Blut in den Adern. Ihr gegenüber am Schreibtisch ... da saß er! Mit zur Seite geneigtem Oberkörper, ganz so wie auf der Bank in der Eilenriede. Herbert Casper!

Seine Haut war noch grauer als am Freitag, der Mund war so unnatürlich verzogen, dass ein Schrei ihre Kehle emporstieg, zusammen mit dem sauren Geschmack ihrer Magensäure. Aus ihrem Mund kam aber nur ein Krächzen. Ihr Chef trug dieselben Sachen wie am Freitag; nur die dicke Winterjacke, in der sie ihn auf der Bank gefunden hatte, fehlte. Ansonsten war alles da: Anzug und Krawatte, nur das ehemals weiße Hemd hatte einen ebenso gräulichen Farbton angenommen wie seine Haut. Der große rote Fleck war eingetrocknet und hatte einen fast schwarzen Farbton angenommen.

Svenja erstarrte und konnte den Blick nicht von den leblosen Augen, dem verwesenden Körper und den korrekt gescheitelten Haaren – jemand musste ihn gekämmt haben – abwenden. Die Einzelheiten an der Leiche ihres Chefs registrierte sie im Bruchteil einer Sekunde – oder stand sie hier schon eine Stunde und stierte ihn an?

Da kam Bewegung in Svenja. In einer abrupten Drehung wirbelte sie herum, um das Büro fluchtartig zu verlassen ... und prallte mit Marie zusammen, die lautlos hinter sie getreten sein musste. Wie ein Gespenst sah sie aus. Leichenblass, mit Ringen unter den Augen, die Pupillen unnatürlich geweitet, die Gesichtszüge zu einer eisernen Maske verzerrt. Sie schien nicht mehr vollständig im Hier und Jetzt zu sein.

„Marie!“, keuchte Svenja auf. Sie deutete hinter sich. „Da ist der Casper. Da ist er! Ich muss die Polizei informieren!“ Sie wollte sich an Marie vorbeidrängen und gleichzeitig ihr Handy aus der Hosentasche ziehen, doch ihre Kollegin hielt sie mit einer Kraft auf, die sie der zierlichen Frau nicht zugetraut hätte.

Da sah sie den Stahl in Maries Händen aufblitzen. Es war ein langes Messer, so eins, das in Gruselfilmen aus dem Messerblock in der Küche gezogen wurde. Schwarzverkrustetes Blut klebte daran. Svenja nahm in Sekundenbruchteilen jedes Detail in sich auf: Die irren Züge Maries, das Glitzern der Klinge, die Verkrustungen des Bluts, die verkrampfte Gestalt ihrer Kollegin, die geballte Faust, mit der sie das Messer hielt, die Spitze auf Svenjas Bauch gerichtet, der entsetzliche Geruch, der von der Leiche ausging ...

Die Erkenntnis rann durch ihren Körper wie flüssige Lava. Der Waldarbeiter, den sie in der Eilenriede gesehen hatte, sein vertrauter Gang … das war Marie gewesen, die auf dem Weg war, die Leiche Caspers fortzuschaffen!

Da durchschnitt die schnarrende Stimme ihrer Kollegin ihre Gedankengänge:

„Das würde ich an deiner Stelle lieber bleiben lassen!“

Überleben

Karli hatte die Nase voll.

Buchstäblich.

Er schnaufte. Rotz lief ihm aus den Nasenlöchern, blieb an seinem Maul hängen und tropfte von da auf den sandigen Boden. Er schüttelte sich und gab ein weiteres Schnauben von sich. Es war viel zu warm. In jedem Fall viel zu warm für ihn und seinesgleichen. Langsam drehte er den Kopf und schaute seine Artgenossen an, die mit hängenden Köpfen in seiner Nähe standen. Auch ihnen war viel zu warm.

Umso ärgerlicher war es, dass Karli sich erkältet hatte. Seine Instinkte sagten ihm, dass er aufpassen musste, damit es nicht schlimmer wurde. Wenn seine Lungen angegriffen sein sollten, würden ihm nicht nur das Atmen, sondern irgendwann auch das Fressen und das Verdauen schwerfallen.

Dieses Wetter war nun einmal nichts für Karibus. Warum lernten die Menschen das nicht? Karli wusste, dass er und seine Truppe eine der Sensationen in diesem … ja, was war es? Karli hatte keine Ahnung, was das hier war. Wieder sprachen seine Instinkte zu ihm. Das konnte nicht die natürliche Umgebung für ihn und seine Artgenossen sein, da war er sich sicher. Manchmal träumte er von einer unendlichen Weite, von Grasbüscheln, Hügeln, Bergen, einem kalten stechenden Wind, der durch sein Fell fuhr, und einem hohen Himmel, der so blau war, dass Karli im Traum die Augen zukniff. Der Himmel hier war selten von diesem tiefen Blau, sondern meistens von einem bleiernen Grau, so grau wie die Behälter, in denen die Menschen das Futter brachten.

Er träumte auch davon zu laufen. Zu laufen, laufen, laufen, bis er außer Atem war, unbegrenzt und unbewacht. Dann würde er sich im Staub wälzen und ein tiefes, kehliges Juchzen von sich geben. Mit seinen Mitstreitern würde er die Geweihe kreuzen und um die Weibchen kämpfen. Vielleicht ginge er als Sieger hervor, vielleicht nicht.

Die Realität, in der er lebte, sah anders aus.

Das Areal, in dem Karli mit seiner Familie und seinen Freunden sein Dasein fristete, war von großen Felsen und braunen Dingern begrenzt, die die Menschen „Zäune“ nannten. Über diese Zäune kamen sie nicht hinaus. Das war für Karlis Geschmack viel zu wenig Bewegungsfreiheit, und er wusste, dass es den anderen gleichermaßen erging. Karli war in diese Welt hineingeboren worden, er kannte es nicht anders. Trotzdem wusste er tief in seinem Inneren, dass es für ihn noch etwas anderes geben musste als diese Welt.

Von morgens, wenn die Sonne aufgegangen war, bis abends, wenn sie unterging, kamen die Menschen an den Rand seines Areals und glotzten. Sie juchzten und gaben Geräusche von sich, die die Zweibeiner, die ganz in Grün gekleidet waren und die sich um sie kümmerten, „Lachen“ nannten. Vor allem die etwas kleineren Menschen, die ebenso wie bei seiner Art jünger waren als die größeren, freuten sich, sie zu sehen und zu beobachten. Das freute auch Karli. Das waren die Jungen von den Menschen, und Karli hatte festgestellt, dass sich die Eltern meistens liebevoll um sie kümmerten, genau wie sich seine Mutter um ihn gesorgt hatte, als er klein war, und wie es jetzt mit dem Jungen in ihrer Truppe geschah.

Die Menschen waren aber nicht immer freundlich und liebevoll. Es gab auch welche, die bunte Sachen in ihr Areal schmissen und sogar versuchten, ihn oder seine Freunde zu treffen. Dann spürte Karli ein Stechen auf seinem Rücken, weil es ihm körperliche Schmerzen bereitete, wenn diese Spezies sich über sie lustig machte.

Sein bester Kumpel, Fredi, hatte vor einiger Zeit eins von diesen bunten Knäueln gefressen. Ihm war es danach nicht gut gegangen, und in der Nacht darauf war er gestorben. Die Leute in Grün hatten ihn dann aus dem Gehege getragen. Es war alles so schnell gegangen. Karli hatte sich noch nicht einmal von Fredi verabschieden können. Er hatte im Stillen getrauert und sich in sich zurückgezogen. Von den bunten Knäueln hatte er sich ferngehalten und auch seine Truppe gewarnt, vor allem das Kleine. Sie durften nicht noch ein Mitglied ihrer Herde verlieren!

Er spürte, dass es Winter war, aber es war zu warm. Wieder lief Rotz aus seiner Nase, und er betrachtete die Menschen, die sich wieder um ihren Bereich versammelt hatten. Er hob seinen mächtigen Kopf in die Luft. Die Dämmerung würde bald einsetzen und damit der Besucherstrom versiegen.

Karli wandte den Kopf nach rechts. Er wusste, dass sie da waren. Sie lauerten im Zwielicht, bereit, ihre ruhelose Wanderung entlang der Grenze, die die beiden Areale trennte, jederzeit aufzunehmen.

Es waren die Erzfeinde der Karibus.

Wölfe.

Karli und seine Artgenossen spürten ihre Anwesenheit jederzeit. Die Karibus hatten den Instinkt, bei der Anwesenheit der Wölfe die Flucht einzuschlagen. Selbst das Jungtier in ihrer Herde hatte schon die Fähigkeit und genug Ausdauer entwickelt, ihnen davonzulaufen. Allein, sie konnten es nicht. Die Felsen und Zäune hielten sie davon ab, aber sie hielten auch die Wölfe davon ab, zu ihnen zu kommen und sie anzugreifen.

Das Problem war, dass der Fluchtinstinkt sehr stark war. So befanden sich Karli und seine Gruppe immer in Habachtstellung. Richtig entspannen konnten sie sich nicht.

Er hatte eigentlich nichts gegen sie. Es war ihm nun einmal angeboren, sich in Sicherheit zu bringen, wenn er sie witterte. Da das permanent der Fall war, schoss etwas durch seine Adern, das er nicht einordnen konnte. Es machte ihn unruhig, allerdings war es schon besser geworden über die Jahre. Er wusste, dass sie ihm nichts tun konnten, das ließ seine Instinkte träge werden. Auch das ahnte Karli, aber er konnte nichts dagegen tun.

Da nahm er eine Bewegung auf einem der Felsen wahr.

Es war ein kleines, pelziges Tier mit einem buschigen Schwanz. Ein Eichhörnchen, wie Karli wusste. Er wusste auch, dass diese Tiere keinen Winterschlaf hielten, sondern ab und zu in den Wintermonaten ihren Rückzugsort verließen, um auf Nahrungssuche zu gehen. Was dieses Tierchen hier verloren hatte, erschloss sich Karli nicht. Hatte es vielleicht irgendwo Nüsse verbuddelt, die es nun ausgraben wollte?

Anscheinend versuchte es genau das und grub eifrig am Abhang. Ausgerechnet hier hatte es also seinen Wintervorrat versteckt, so dicht am Gehege der Wölfe.

Da hörte Karli ein Knacken, und es kam, wie es kommen musste. Das Eichhörnchen war so vertieft in das Ausgraben seiner Vorräte gewesen, dass es entweder die Steilheit des Abhangs vergessen oder unterschätzt hatte. Es rutschte ab, und Karli sah mit Entsetzen, dass das Eichhörnen den Halt verlor und zunächst wie in Zeitlupe und dann immer schneller und schneller fiel. Ein pelziges Knäuel, das in großer Geschwindigkeit auf das Wolfsgehege zuschoss.

Karli konnte den Blick nicht von dem fallenden Eichhörnchen abwenden, das an dem steilen Hang keine Chance hatte, sich noch irgendwo festzukrallen. Es landete schließlich in dem Areal der Wölfe, die unruhig auf und ab liefen und immer wieder zu den Karibus hinüberschauten. Auch sie folgten nur ihren Instinkten, aber für Karli waren es seine Feinde. Direkt neben ihm.

Natürlich blieb das Eichhörnchen nicht unbemerkt. Einer der Wölfe hatte schon das Fallen bemerkt, das Knacken der Äste, sein Quieken und das Aufprallen des kleinen Körpers auf dem Boden des Geheges.

Mit einem Satz war er bei ihm. Karli konnte nicht die Augen von dem abwenden, was da nebenan passierte. Das kleine Tier regte sich leicht, es war also durch das Fallen nicht tot. Der Wolf öffnete sein Maul, und mit einer schnellen, fließenden Bewegung nahm er das pelzige Tier zwischen seine langen Zähne und trug es davon – ins Zwielicht der schützenden Felsen.

Als er schon auf dem Weg in den hinteren Bereich des Areals war, drehte er sich noch einmal um. Seine gelben, durchdringenden Augen trafen die von Karli, der still dagestanden und die Szene beobachtet hatte. Einen Moment sahen sie sich in stillem Einvernehmen und in tief verbundener Feindschaft an.

Es ging ums Überleben, so einfach war das.

Für den Wolf und für Karli.

Es kam ein Engel hell und klar

Sanft fuhr er mit den Fingerspitzen über die Bilder. Sie verharrten einen Moment auf dem Körper der Frau, die jedes Foto zeigte, auch dieses. Zärtlich strichen sie über die Konturen, dann über ihr goldenes Haar, ihr Gesicht. Die hohen Wangenknochen, die blauen Augen.

Ein Engel.

Sie war ein Engel.

Er liebte Engel. Seit seiner Kindheit glaubte er, dass er von Engeln umgeben, von ihnen beschützt war. Er spürte sie, und das fast körperlich, er spürte sie mit jeder Faser seines Körpers. Manchmal sprach er auch mit ihnen, und sie antworteten ihm mit ihren süßen Stimmen.

Dennoch hätte er das Wunder nie für möglich gehalten. Das Wunder, dass der Engel, der ihn auf seinem Weg von der Kindheit ins Erwachsenenalter begleitet hatte, tatsächlich Gestalt angenommen hatte.

Es kam ein Engel hell und klar.

Das hatte er seinem Job zu verdanken. Es war sein absoluter Traumjob, denn die Engel umgaben ihn auch bei seiner täglichen Arbeit. Er hatte das Privileg, sich das ganze Jahr über mit Weihnachtsdeko zu beschäftigen. Er lieferte sie an die Dekorations- und Blumenläden aus, und es gab immer mehr Geschäfte, die auch das ganze Jahr über Weihnachtsartikel anboten.

Doch gerade jetzt, zur Weihnachtszeit, war Hochbetrieb. Die Menschen lechzten nach den neuesten Trends und deckten sich alle Jahre wieder mit Kugeln, Streudeko, Gestecken und Kerzen in allen Formen und Farben ein.

Das machte ihn glücklich. Sein Lieblingsengel, der immer bei ihm war, raunte ihm zu, dass er seine Arbeit gut mache.

Und dann geschah das Wunder.

Er belieferte im Umland von Hannover einen großen Gutshof mit wunderschönen silberfarbenen und weißen Kugeln, Blättern, Zapfen und Perlenketten. Der Trend ging in diesem Jahr zum Schlichten und Tra-

ditionellen, also hatte er in seinem Lieferwagen auch Artikel aus Holz sowie Nussknackerfiguren und Räuchermännchen. Und natürlich Engel. Das Faszinierende war, dass es die Engel nicht nur in Silber und Weiß, sondern auch in allen möglichen anderen Farben wie Rosa und Gold, Hellblau und Grün gab.

Die Faszination war so groß, dass er nicht widerstehen konnte. Seine Hände waren schneller als sein Verstand, und schon hatte er einen hellblauen Engel für sich abgezweigt und seiner Sammlung, die überall in seiner kleinen Wohnung in Hannover-Stöcken verteilt war, hinzugefügt. Jeden Abend, wenn er nach Hause kam, strich er wie verzaubert über die filigranen Flügel, die unter seiner Berührung zitterten.

Der Gutshof war einer der größten und bekanntesten in der gesamten Region Hannover, was Dekoartikel, Gestecke, also all die Sachen betraf, die die Menschen eigentlich nicht brauchten und nach denen sie dennoch gierten, um ihr Zuhause schöner und ästhetischer zu gestalten.

Nicht nur das Gutshaus war zur Ausstellungsfläche umgestaltet, auch auf dem riesigen Hof vor dem Gebäude waren kleine Holzhäuser in einem Halbkreis errichtet worden, und in ihrem Inneren hatte man diverse Dekoartikel, nach verschiedenen Farben sortiert, aufgestellt. In der Mitte prangte ein Glühweinstand, an dem sich die Käuferinnen und Käufer stärken konnten. Meist waren es Frauen, die entschlossenen Schrittes von Hütte zu Hütte marschierten, von gelangweilten Ehemännern begleitet, oder Gruppen von Freundinnen, die, sich gegenseitig beratend, ein Stück hier und da in die Hand nahmen. Entweder es landete dann in einem der Plastikkörbe, die sich die Kunden am Eingang schnappen konnten, oder es wurde mit einem leichten Kopfschütteln zurückgelegt.

Er hatte gerade eine Kiste mit großen, mit Strass besetzten silberfarbenen Kugeln aus dem Lieferwagen gehievt und war im Begriff, diese in das Haus zu tragen, wo sie ihm von einer freundlichen Mitarbeiterin aus der Hand genommen wurde, als es geschah.

Er drehte sich um, um das Gutshaus zu betreten, als er sie erblickte. Da stand sie und sortierte gerade kleine, weihnachtlich geschmückte Windlichter in einem Regal am Eingang.

Ihr Haar strahlte in dem milden Wintersonnenlicht wie flüssiges Gold. Das Gesicht war bezaubernd mit den großen blauen Augen, der hohen glatten Stirn, den Wangenknochen, dem sinnlich geschwungenen Mund. Er hatte einmal Bilder von antiken Göttinnen gesehen, die von den großen Meistern aus dem Marmor herausgemeißelt worden waren. Genauso sah sie aus. Ihre Gestalt war von einem Halo umgeben, sie überstrahlte alles und blendete ihn so stark, dass er die Augen zukneifen musste.

Ein Engel.

Nein – *der* Engel. Für ihn war sie der Inbegriff der Reinheit, Unschuld und moralischen Integrität.

Sein Schutzengel hatte sich tatsächlich materialisiert, davon hatte er nie zu träumen gewagt.

Es kam ein Engel hell und klar.

Es fiel ihm schwer, sich auf die Arbeit zu konzentrieren, weil er sie nicht mehr aus den Augen lassen konnte.

Typisch für einen Engel tat sie so, als beachte sie ihn gar nicht. Sie machte einfach ihre Arbeit weiter. Er kannte das schon, aber er ließ sich davon nicht beirren, denn er wusste, dass sie sich nur ihm zuliebe materialisiert hatte. Nachdem sie die Windlichter eingeräumt hatte, kümmerte sie sich um die Kisten, die er schon hereingetragen hatte, und fing an, diese auszupacken. Sie schaute kurz auf und schenkte ihm ein leichtes Lächeln, was sein Herz für einen Moment zum Stocken brachte, bis es wieder im Takt schlug. Ein heißer Strahl durchfuhr seinen Körper.

Sie war es, sie war sein persönlicher Schutzengel!

In den nächsten Wochen zog es ihn immer wieder zum Gutshof. Er war nicht so dumm, mit seinem Lieferwagen vorzufahren, das wäre viel zu auffällig gewesen. Nein, er kam in seiner Freizeit, meist an den Wochenenden – als Kunde. Niemand von den Mitarbeitern erkannte ihn, es war viel zu viel los, und er war nicht in seinem Firmenoverall erschienen, sondern in seinen Privatklamotten.

Er hatte seine Kamera mitgebracht und in jedem unbeobachteten Moment Bilder von ihr geschossen. Wie die Sonne mit ihrem Haar spielte! Wie sie sich dann eine Locke zurückstrich, wenn eine Strähne sich an ihre Wange schmiegte. Sie lächelte oft und offenbarte entzückende Grübchen, Engelsgrübchen! Sie schwebte über den Hof, grüßte hier und beriet dort, schenkte Glühwein aus und holte neue Gestecke und Kränze heran, um die Lücken aufzufüllen.

Er war nicht dumm, oh nein! Er blieb nie so lange, dass er auffallen würde. Manchmal schlich er sich auch von hinten an die Gebäude heran und blieb dann außerhalb des Geländes, um sie zu beobachten und zu fotografieren.

Es kam ein Engel hell und klar.

Zu Hause entwickelte er die Bilder in seinem kleinen Fotolabor, räumte eine Wand frei und schmückte sie mit den Fotos. Er arrangierte sie so, dass sich die Silhouette eines Engels ergab. Ein besonders schönes Portrait von ihr hängte er in die Mitte, und darum herum brachte er einen Halbkreis von Engelshaar an. Den hellblauen Engel drapierte er auf einer kleinen Kommode davor, zusammen mit einem silbrigen Gesteck, das er ebenfalls hatte mitgehen lassen. Nachdem er die Kerze des Gestecks angezündet hatte, setzte er sich in einen Sessel vor die Wand und den Altar und gab sich seinen Fantasien hin. Wie wunderbar wäre es, wenn er sie hier bei sich haben könnte! Wenn er sie an die Wand stellen könnte, wirklich sie, und nicht nur die Umrisse von ihr, bestehend aus den Bildern. Das war zweidimensional, billig, amateurhaft! Er war aber kein Amateur!

Er war der Experte, wenn es um Engel ging!

Er war Experte, wenn es um *sie* ging!

Der Gedanke ließ ihn nicht mehr los. Wenn er in der Woche mit seinem Lieferwagen die Blumen- und Dekoläden mit den schönsten Weihnachtsdevotionalien belieferte, hatte er auf den Straßen in und um Hannover viel Zeit zum Nachdenken. Nach und nach reifte in ihm ein Plan. Er war davon überzeugt, dass das auch in ihrem Sinne sein müsse. Das war ihre Bestimmung, das musste ihr doch klar sein! Nein, nicht nur das, sie *wusste*, dass es ihre Bestimmung war. Die Blumenverkäuferin war nur Tarnung. Sie war schließlich sein Schutzengel!

Seine Firma bot auch Stoffe zur Dekoration an, mit denen die Läden die Möglichkeit hatten, ihre Ware in Szene zu setzen. Wie es der Zufall wollte, fiel ihm ein weißer Satinstoff auf, der mit Silberfäden durchwoben war und seidig schimmerte. Oder war es gar Seide? Auch das konnte kein Zufall sein, oh nein, das war vorbestimmt!

In Trance strich er über den Stoff. So weich, so weiß, so rein und unschuldig. So kostbar und seidig! Perfekt für sie, genau das stand ihr zu. Dann schnitt er mit einer großen Schere zu und stach mit einer Nadel hinein. Flink fuhr sie durch den Stoff. Es war, als ob nicht seine Hand sie führte, nein, sie führte ihn und tat instinktiv genau das, was sie sollte: Sie schuf ein Gewand. Ein Engelsgewand.

Es kam ein Engel hell und klar.

Die Engelsflügel fand er im Internet. Als sie geliefert wurden, war er so erregt, dass er sich erst einmal in den Sessel vor die Fotowand setzen musste. Auch die Flügel waren von Silberfäden durchzogen. Seine Fingerspitzen kribbelten, als er über die Federn strich.

Fehlte nur noch die Vorrichtung, mit der er sie an die Wand stellen wollte. Sie musste aufrecht stehen, das war klar. Er galt als ein geschickter Handwerker, also sollte es für ihn nicht allzu schwer sein, ein hohes Regal, das nur nutzlos in seinem trostlosen Schlafzimmer herumstand, so umzubauen, dass ihr Körper perfekt hineinpassen würde. Er entfernte die Regalbretter und höhlte es so aus, dass sich ein halbrunder Raum ergab. Er brachte Gummibänder an der einen Seite und einen Haken an der anderen an, sodass er sie fixieren und ihren wunderbaren Körper so drapieren konnte, dass es ihrer würdig war. Nichts anderes wollte er, nichts anderes stand ihr zu. Er wunderte sich, warum noch niemand vor ihm erkannt hatte, dass sie *der Engel* war. Umso mehr versicherte er sich: Es war seine Mission, ihr wahres Potenzial zu entfalten.

Es kam ein Engel hell und klar.

Von seinen Erkundungsmissionen wusste er, dass sie zweimal in der Woche abends lange arbeitete und allein auf dem Hof war. Sie räumte auf, rückte die angebotenen Artikel ins rechte Licht und fertigte noch Gestecke und Kränze an, um Nachschub für die Kaufwütigen zu schaffen. Es ging in die Endphase der Adventszeit, und die Nachfrage war entsprechend groß. Gerade weil es auf Weihnachten zuging, sah er seine Zeit gekommen. Was könnte besser passen, als sie an Heiligabend als Engel aufzustellen, umgeben von Kerzenschein? Er hatte viele große, weiße Stumpenkerzen gekauft, die er um ihren Altar aufstellen würde.

Es kam ein Engel hell und klar.

Er schlich sich von hinten an den Gutshof heran und kletterte über den niedrigen Zaun. Dass es so einfach war, wertete er als ein weiteres Zeichen der Vorbestimmung. Sie wollte von ihm gerettet und ihrer wahren Bestimmung zugeführt werden, was sonst?

Eine schwere, zähe Dunkelheit lag über dem Gelände und der Landschaft, eine typische norddeutsche Dezembernacht. Der Hof lag verlassen da, die Öffnungszeit war längst verstrichen. Sanft schimmerten der Glimmer und Glitter der Dekoartikel. Nur eine kleine Hoflampe brannte. Stille hielt die Gebäude gefangen.

Er schaute durch eines der vielen kleinen Fenster in das Innere des Verkaufsraums. Wie von ihm vorhergesehen, stand sie hinter dem Tresen und schnitt Tannenzweige zu. Sie hatte Kopfhörer in den Ohren, diese kleinen länglichen Dinger, die er so verabscheute. Sie dienten nur zur Tarnung, sie wusste ja, dass sie ein Engel, *sein* Schutzengel war. Er beglückwünschte sie für ihre Raffinesse. Engel waren so schlau und sie … sie war natürlich der schlaueste Engel von allen. Sie schien ein Lied mitzusummen. Ihr Gesang überzeugte ihn, dass es sein Lieblingslied war.

Es kam ein Engel hell und klar.

Er nahm den Strick, mit dem er sie fesseln, und das Chloroform, mit dem er sie betäuben musste – bis sie ihr wahres Schicksal vollends erkannt hatte, wollte er kein Risiko eingehen –, und stieß die Eingangstür auf. Die Tür war nur angelehnt und lud ihn ein, sie und ihn zu befreien.

Sie sah ihn mit ihren großen blauen Augen mehr fragend als erschrocken an.

Sie war wunderschön.

Sie war rein.

Sie war sein Engel.

Inflation!

„Is dat voll hier!“

Hauptkommissarin Williamson war genervt. Die Adventszeit war für sie die anstrengendste Zeit im Jahr. Lieber würde sie drei Mordfälle gleichzeitig bearbeiten und auf Mörderjagd gehen als in der überfüllten Innenstadt auf Geschenkejagd.

Aber wat soll et? Da musste sie als Ehefrau und Mutter halt durch!

Wie immer wurden die Weihnachtseinkäufe bis kurz vor den Festtagen vor sich hergeschoben. Jetzt waren es nur noch zwei Tage bis Heiligabend, und wieder einmal hatte sie – nichts.

Na ja, fast nichts. Immerhin hatte sie schon ein Geschenk für ihren Mann Bernd-Karl. Als ultimativer Vogel-Liebhaber, Brötchen-Experte und Schmetterlings-Intimus verfolgte er mannigfaltige Interessen, die sie befriedigen konnte. Nach eingehender Beratung mit ihren Töchtern hatte sie sich für eine Vogelkunde-Exkursion nach Norwegen entschieden. Da konnte Bernd-Karl nach Lust und Laune seine Liebhaberei ausleben, und das auch noch unter Gleichgesinnten! Williamson war sehr stolz auf sich, dass sie diese Idee umsetzen konnte. Einziger Haken an dem durchgeplanten Geschenk war, dass sich niemand aus der Familie bereit erklärte, ihn zu begleiten. Nicola hatte gleich abgewunken, als Williamson mit ihrem Anliegen zu ihr gekommen war. Ihre jüngere Tochter war schon einmal Bernd-Karls Reisegefährtin bei einer Vogel-Exkursion gewesen, und das hatte ihr genügt.

„Papa hat eine wahnsinnige Ausdauer, wenn es um Vögel geht“, hatte Nicola nach ihrer Rückkehr gemault. „Er bekommt nie genug. Ich habe ihn wahnsinnig lieb, aber das mache ich nie wieder!“

Auch Carola, ihre älteste Tochter, hatte sich mit Händen und Füßen gewehrt und war, mit dem Verweis darauf, dass sie die nächsten Ferien für Praktika verplant habe, in die Arme ihres Freundes Ubbo geflüchtet. Oder hieß er Udo? Ole? Williamson runzelte die Stirn. Sie konnte sich den Namen von Carolas Freund einfach nicht merken.

Williamson selbst hatte weder das Interesse noch die Geduld, stundenlang durch ein Fernglas zu starren und über Schnabel, Flügel, Federn und Farbgebung irgendeiner Vogelart zu philosophieren. Sie seufzte. Also würde ihr Mann allein fahren müssen. Allerdings hatte sie den Verdacht, dass er genau das wollte. Bei der Ausübung dieses speziellen Hobbys war er vielleicht wirklich besser auf sich allein gestellt.

Was die übrigen Geschenke für die Familie betraf, so glaubte sich Williamson auch kurz vor den Festtagen auf der sicheren Seite. Sie wollte Bernd-Karl noch ein Kochbuch mit Grillspezialitäten schenken und ihren Töchtern etwas für ihre Hobbys: Für Nicola waren das Mal- und Zeichenutensilien und für Carola Sportklamotten, weil sie gerne joggte und Aiki … Dings … machte, irgend so eine japanische Kampfkunst. Da würde es ja nicht so schwer sein, das Passende zu finden.

Trotzdem schob sie die Einkäufe immer wieder auf. Wer stürzte sich schon gern in den Weihnachtstrubel? Sie jedenfalls nicht. Erst als ihre beste und engste Kollegin Elena Grifo sie mit sanftem, aber bestimmtem Ton darauf hinwies, dass es nur noch zwei Tage bis Weihnachten seien, und sie fragte, ob sie denn schon alles habe, wurde ihr bewusst, dass es nun wirklich Zeit wurde. Also hatte sie am Mittag seufzend ihren Mantel und ihr Monstrum von Umhängetasche geschnappt und war losgezogen, nicht ohne zu murren, dass Weihnachten ihrer Meinung nach nur für die Konsumgüterindustrie erfunden worden war. Die Blicke, die sich Grifo und ihr Kollege Cohen zugeworfen hatten, hatte sie geflissentlich ignoriert.

Sie war der Überzeugung, dass die Einkäufe doch nur ein Klacks sein konnten, denn sie hatte sich einen Schlachtplan zurechtgelegt, der ihrer Meinung nach todsicher war: Sie fuhr zum größten Kaufhaus der Stadt, parkte in der dazugehörigen Tiefgarage und würde dann ein Stockwerk nach dem anderen abklappern und effizient, möglichst kostengünstig und mit minimalem Zeitaufwand all das shoppen, was sie benötigte. Vielleicht schaffte sie es sogar noch zurück ins Büro, um an einem kniffligen Fall von Ladendiebstählen mitzuarbeiten. Ihre Abteilung unterstützte damit die Kollegen, weil sich für sie und ihre Leute gerade kein neuer Mordfall auftat. Da wurde ihr siedend heiß bewusst, dass sie vielleicht auch ein Geschenk für Grifo besorgen sollte. Und wenn sie ein Geschenk für Grifo in Erwägung zog, musste sie ihrem ungeliebten Kollegen Cohen wohl auch etwas kaufen, sonst wäre die Stimmung in ihrem Büro unter dem Gefrierpunkt. Das hatte sie nicht bedacht, *verdamp*.

Ebenfalls unterschätzt hatte sie den großen Andrang von Kauflustigen. Sie hatte angenommen, dass die Leute durch die Möglichkeit, Bestellungen im Internet aufgeben zu können, den Einkaufsläden und Shoppingmalls fernblieben, aber weit gefehlt! Anscheinend nahmen die Menschen die Vorweihnachtszeit zum Anlass, die Nasen hinter ihren Computern vorzustrecken und einmal im Jahr analog einkaufen zu gehen.

Das Grillkochbuch für Bernd-Karl war in der Bücherabteilung schnell gefunden, bezahlt und eingetütet. Von diesem Erfolg beseelt, hatte Williamson innerlich den Kopf über die Leute geschüttelt, die immer stöhnten, sie würden keine Geschenke finden. Ging doch, was hatten die nur alle?

Aber dann hatte sie das Glück verlassen. Sie war in den Fahrstuhl gestiegen, um einige Etagen nach unten zu fahren, weil sie sich erinnert hatte, dass sie ein paar bequeme Schuhe für die kalten Tage des Jahres brauchte. Sie hasste Rolltreppen und mied sie, wann immer sie konnte. Aber es kamen ihr, kaum war sie eingestiegen, Zweifel, ob der Fahrstuhl die richtige Entscheidung gewesen war. Ein Kinderwagen einer vierköpfigen Familie stieß ihr in die Rippen, und das ältere, ungefähr dreijährige Kind, ein Mädchen, fing an zu schreien, als es Williamson erblickte. Der Mutter war das ungeheuer peinlich und sie warf entschuldigende Blicke in Richtung der Kommissarin, die anfing zu schwitzen und versuchte, in alle möglichen Richtungen zu blicken und das Schreien des Mädchens, so gut es ging, zu ignorieren. Die anderen Menschen im Fahrstuhl schauten vor sich hin oder auf ihr Handy und schienen immun gegen Lärm-, Geruchs- und Körperbelästigung. Dann waren auf der vierten Etage zwei Weihnachtsmänner eingestiegen und hatten sich in die Menge gedrängt. Die dichten, weißen Bärte verdeckten ihre Gesichter, aber ihre Augen schienen in jeden Winkel des Fahrstuhls zu spähen. Williamson lief ein Schauer über den Rücken, gefolgt von einem Schweißtropfen, der ihr Rückgrat herunterrann. Sie hasste Weihnachtsmänner fast so sehr wie Clowns, die ihr regelrecht unheimlich waren, und das seit ihrer Kindheit. Es war einmal ein Weihnachtsmann – oder Nikolaus, wie man im Rheinland sagte – in ihre Klasse gekommen, um Süßigkeiten zu verteilen. Eigentlich eine schöne Idee, aber der Nikolaus wusste auch zu jedem Kind etwas Kritisches zu sagen, bevor es seine verdiente Süßigkeit entgegennehmen durfte, die er dann mit großer Geste überreichte. Bei Williamson hatte er ihre vorlaute „Schnüss", ihre Kampfkraft gegenüber den Jungs und ihre Bereitschaft, keinem Konflikt, sei es verbal oder nonverbal, aus dem Weg zu gehen, aufgezählt. Drei Dinge hatte er zu kritisieren gehabt!

Bei den anderen Kindern war es immer nur ein Kritikpunkt gewesen. Dies hatte die zehnjährige Williamson dazu veranlasst, dem Weihnachtsmann zu entgegnen, dass sie immer nur bei Ungerechtigkeiten zu drastischen Maßnahmen gegriffen hatte. Anstatt sich ernsthaft mit ihr auseinanderzusetzen, hatte er ihre, wie sie fand, stichhaltigen Argumente jovial weggelacht, sodass sie sich genötigt gefühlt hatte, an seinem weißen Bart zu ziehen. Darunter war der Lehrer Lamprecht zum Vorschein gekommen, der mit hochrotem Kopf versucht hatte, ihren kleinen, aber auch damals schon sehr kräftigen Händen den Bart zu entreißen.

Ihre Klassenlehrerin hatte sie schließlich wegzerren müssen.

Eine Süßigkeit wurde ihr nicht gewährt.

Die Weihnachtsmänner waren mit ihr auf derselben Etage ausgestiegen und schnell in der Menge verschwunden.

Die Schuhe, die sie am Morgen im Zeitungsprospekt gesehen hatte, passten natürlich nicht. Als sie diese gerade unter Stöhnen von ihren Füßen zerren wollte, sah sie die zwei Weihnachtsmänner an der Schuhabteilung, wo sie saß, vorbeihasten. Williamson nahm jedenfalls an, dass es sich um dieselben handelte. Die hatten es aber ganz schön eilig! Wahrscheinlich waren sie spät dran, und die Kinder, die sie beglücken sollten, warteten bereits.

Sie hatte sich seufzend erhoben und sich wieder zu den Fahrstühlen begeben, um in die Sportabteilung zu fahren. Sie wollte das Geschenk für Carola angehen. Der Fahrstuhl war leer, bis – auf einen weiteren Weihnachtsmann, der sie mit kalten Augen musterte. Williamson lächelte ihm nervös zu. Immer, wenn sie aufgeregt war, redete sie noch mehr als sonst. Also sprach sie ihn an.

„Na, heute is wohl Weihnachtsmanntag, wat? Ich habe zwei Ihrer Kollegen schon bei den Schuhen gesehen. Dann werden sich die Kinderchen aber freuen, oder nit?"

Der Weihnachtsmann brummte etwas Unverständliches und schaute dann weg.

Unfreundlicher Kerl! Wahrscheinlich fand er keinen anderen Job und musste das hier machen, auch wenn er vielleicht gar keine Kinder mochte. Na, wat soll et? Das war schließlich nicht ihr Problem!

Sie hatte die eigenwilligen Hobbys ihrer Töchter unterschätzt.

In der Sportabteilung bekam sie von einem freundlichen, aber bestimmten Verkäufer zu hören, dass diese besonderen Anzüge für das

Aiki ... Dings, die auch einen speziellen Namen hatten, den Williamson aber schon wieder vergessen hatte, nur bei speziellen Anbietern zu bekommen waren. Na gut, dachte sie, dann eben Klamotten zum Joggen. Die hatte es zwar in reichlicher Auswahl gegeben, aber bei einem verstohlenen Blick auf die Preise war sie fast in Ohnmacht gefallen. Das durfte ja wohl nit wahr sein! Einhundertachtzig Euro für ein Paar Laufschuhe?

„Wie wäre es mit einer passenden Hose zum Joggen, atmungsaktiv und schweißaufsaugend? Dazu ein Shirt, ebenfalls atmungsaktiv, schweißhemmend und multifunktional?", fragte der Verkäufer höflich und behielt sein professionelles Lächeln bei.

„Dat is doch ziemlich eklig, oder nit? Und dafür hundertzwanzig Euro?", gab Williamson zurück. Ja, wo lebten die Kaufhausleute denn? Oder die Hersteller? Im Winterkrösusland? Wahrscheinlich hing das mit der Inflation zusammen, die das Land im Griff hatte, anders konnte sich Williamson diese Preissteigerungen nicht erklären. Wobei: Wann hatte sie zuletzt Sportklamotten gekauft? Als die Kinder noch Kinder waren? Sie konnte sich nicht mehr erinnern.

„Dat muss ich mir noch überlegen!", wehrte sie ab und schob die bereits ausgesuchte atmungsaktive, schweißaufsaugende, multifunktionale Sportkombination dem Verkäufer zurück über den Tresen.

„Wie Sie wünschen", antwortete der Verkäufer, und die professionelle Maske bekam einen leichten Riss, „aber wenn ich Ihnen einen Rat geben darf: Überlegen Sie nicht zu lange. Gerade in der Weihnachtszeit reißen uns die Kunden die Sachen aus den Händen, kaum, dass wir sie ausgepackt haben!"

„Un wenn ich Ihnen einen Rat geben darf!", schnaubte Williamson, fuhr ihren molligen, rechten Zeigefinger aus und stach damit nach dem Gesicht des Verkäufers, „hören Sie auf, mich unter Druck zu setzen, sonst kauf ich bei Ihnen gar nix! Verstanden!?"

Der Verkäufer stand stocksteif. Er wurde plötzlich knallrot und nickte nur heftig mit dem Kopf. Ihm verschlug es die Sprache.

Williamson rauschte mit ihrer ganzen wohlbeleibten Würde an ihm vorbei ... und stieß fast mit einem weiteren Weihnachtsmann zusammen, der den Gang entlanggehastet sein musste.

„Hoppla!“, entfuhr es der Kommissarin und klammerte sich für einen Moment an den roten Mantel des Weihnachtsmannes, der sich sofort von ihr löste und seinen Mantel richtete. „Na, Sie sind heute aber überall! Is hier ne spezielle Weihnachtsmannaktion, oder wat?“

Der Mann brummte etwas Unverständliches, ließ sie ohne ein weiteres Wort einfach stehen und rannte weiter.

„Unhöflicher Kerl!“, motzte die Kommissarin und sah ihm stirnrunzelnd hinterher. Wie viele von den roten Männern mochten hier heute sein? Wenn es nicht immer dieselben waren, zählte sie jetzt schon sechs. Das musste ja eine große Aktion sein, wahrscheinlich in der Spielzeugabteilung. Na, da musste sie ja nicht hin, zum Glück! Sie stieß einen Dankesseufzer an das Universum aus, weil ihre Töchter aus diesem Alter heraus waren, und setzte sich langsam in Bewegung, nicht ohne sich noch einmal umzuschauen. Von dem Weihnachtsmann gab es weit und breit nichts mehr zu sehen. Wieder runzelte sie die Stirn und fuhr sich mit den Händen durch ihr strubbeliges, rotes Haar, das nach allen Seiten abstand. Irgendetwas war ihr bei dem heiligen Mann komisch vorgekommen, aber was? Sie kam nicht darauf. Aber ihr Bauch fing an zu kribbeln; ein untrügliches Zeichen, dass irgendetwas nicht in Ordnung war.

Vielleicht ließ sie sich aber auch von der enervierenden Kaufhausatmosphäre beeinflussen – und von ihrem Job. Als Kriminalhauptkommissarin konnte sie einfach nicht abschalten und witterte fast schon pathologisch hinter jeder Ungereimtheit ein Verbrechen. Eigentlich war gar nichts ungereimt, es tummelten sich nur viele Weihnachtsmänner im Kaufhaus. In der Weihnachtszeit nichts Ungewöhnliches, oder nit?

Williamson rief sich zur Ordnung, bevor ihre Gedanken wieder einmal davongaloppierten. Sie sollte sich lieber um die Geschenke für ihre Familie kümmern. Nachdem die Bemühungen für die Gaben für Carola ins Stocken geraten waren, ging sie mit frischem Mut und festem Schritt die Geschenke für Nicola an. Sie wandte sich dem Lift zu, der sie in die Etage für Spielzeug bringen würde, wo auch der Malbedarf untergebracht war.

Na, dann muss ich ja doch zu den Spielzeugen, dachte sie und grinste innerlich. Dann entkomm ich den Weihnachtsmännern doch nit!

Als sie den Aufzug betrat, stockte sie, aber nur kurz. Es bot sich ein ihr inzwischen bekanntes Bild. Drei Weihnachtsmänner befanden sich darin, jeder bemüht, ihr nicht in die Augen zu schauen. Ansonsten war der Fahrstuhl zu ihrer Überraschung leer.

„Sie haben in der Weihnachtszeit bestimmt viel zu tun, aber so viele Weihnachtsmänner auf einmal habe ich noch nie gesehen“, schmunzelte sie. Die Männer sahen sie ausdruckslos an, was ihnen nicht schwerviel, waren ihre Gesichter doch von weißen Bärten bedeckt und die Mützen tief in die Stirn gezogen.

„Redselig sind Sie ja nit gerade“, kommentierte Williamson die Stille, „bei mir müssen Sie dat auch nit sein, aber den Kinderchen gegenüber sollten Sie schon wat von sich geben, sonst sind die enttäuscht!“

Mit einem Pling öffnete sich die Aufzugstür, und die Weihnachtsmänner zwängten sich vor ihr hindurch.

„Immer langsam mit den Rentieren! Bitte schön, gern geschehen“, murrte Williamson, als sie hinter den im Laufschritt davoneilenden Männern hersah. „Wat haben die et nur so eilig!“, murmelte sie und schüttelte den Kopf. Zeit war anscheinend auch in der Weihnachtsmannbranche Geld.

Sie wandte sich zur Abteilung für Malbedarf und sprach eine Verkäuferin an.

„Sagen Sie mal, haben Sie auch Malsets für Mango?“

Nicola liebte die japanischen Comics und hatte sich darin einige Fertigkeiten erworben. Sie hatte ihrer Mutter im Internet Malsets gezeigt, die speziell für das Manga-Zeichnen geeignet waren, und wollte ihren Fundus aufstocken.

Die Verkäuferin runzelte die wohlgezupften Augenbrauen.

„Für was, bitte? Ich glaube, ich habe Sie nicht richtig verstanden?“

„Na, für dat Mango, Sie wissen schon, dat japanische Malen!“

„Ähhhh“, die Verkäuferin sah ratlos umher. „Ich frage einmal meine Kollegin, vielleicht weiß sie, was Sie meinen.“

„Machen Sie dat.“ Williamson wippte von den Fersen auf ihre Zehen und verschränkte die Hände hinter ihrem Rücken. Kompetentes Verkaufspersonal war schwer zu bekommen, wie sie nun schon zum zweiten Mal an diesem Nachmittag feststellen musste.

Die Verkäuferin kam mit einer weitaus jüngeren Kollegin zurück, die selbst wie ein Manga-Mädchen aussah. Insbesondere das Gesicht, in dem die Augen mit Kajalstift überbetont waren, erinnerte Williamson an einige Comic-Figuren aus Nicolas Feder oder vielmehr Stift. Aber auch die Sachen, die die junge Frau trug … das sah schon sehr nach Mango aus.

„Die Kundin hat eine Frage zu den japanischen … Comics, denke ich."

„Ach, Sie meinen Manga?", sprach die junge Verkäuferin Williamson an. „Wir führen hier leider keine speziellen Sets fürs Manga-Malen beziehungsweise -Zeichnen."

„Nit?", fragte Williamson zurück.

„Nein, leider nicht. Da müssten Sie im Internet schauen, da gibt es eine große und qualitativ hochwertige Auswahl."

„Da komme ich gerade her!", polterte Williamson. „Sie sind mir ja ein feiner Laden! Da will man die hiesigen Geschäfte unterstützen, und dann haben Sie nit dat, wat ich will! Kein Wunder, dat …" Sie nahm eine Bewegung aus ihrem Augenwinkel wahr. Etwas Rotes bewegte sich im Laufschritt den Gang rechts von ihnen entlang. Ein Weihnachtsmann. Schon wieder.

„Danke, ich komm schon klar. Ich bestelle mir dat bei der Amazone!"

Mit diesen Worten drehte sie sich abrupt um und ließ die Damen stehen. Das durfte ja wohl nicht wahr sein! Sie hatte sich das so schön vorgestellt: Rein ins Kaufhaus, eine Etage nach der anderen abklappern, aussuchen, kaufen, ins Auto springen und zurück ins Kommissariat fahren, fertig! Von wegen. Jetzt stand sie hier und hatte gerade einmal ein Kochbuch für Bernd-Karl. *Verdamp.*

Williamson wandte sich in Richtung der Aufzüge, als ihr ein Gedankenblitz durchs Hirn schoss. Sie ging zurück und erwischte die junge Verkäuferin gerade noch am Ärmel, bevor diese davonmarschieren konnte.

„Warten Sie mal, junge Frau. Sagen Sie mal, wann geht dat denn los?"

Die Verkäuferin runzelte die Stirn.

„Wann geht was los?"

„Na, die Aktion mit den Weihnachtsmännern. Die is hier doch bestimmt in der Spielzeugabteilung, oder nit? Wat sollen die denn machen? Geschichten erzählen und kleine Geschenke verteilen? Meine Kinder sind ja schon aus dem Alter raus, aber …"

„Aktion mit den Weihnachtsmännern? Welche Aktion? Hier ist nichts geplant, vielleicht in den anderen Abteilungen."

Williamsons Kopf ruckte hoch.

„Nit? Aber Ihnen sind die vielen Weihnachtsmänner, die hier überall rumlaufen, nit entgangen, oder?"

Gerade schwebte wieder einer die Rolltreppe hinauf und wechselte dann zu einer weiteren, die nach oben in die nächste Etage führte.

Aufgeregt deutete Williamson darauf.

„Sehen Sie, da! Schon wieder einer."

Die junge Frau zuckte mit den Schultern.

„Ja, mir sind auch schon einige begegnet. Vielleicht ist im Restaurant etwas geplant oder in der Sportabteilung. Haben Sie da einmal nachgefragt? Das wird Ihren Enkelkindern bestimmt gefallen."

Williamson spürte, wie das Magma in ihr hochkroch und auszubrechen drohte. Sie stemmte die Hände in die Hüften.

„Enkelkinder!? Sehe ich so aus, als ob ich schon Enkelkinder hätte!?", herrschte sie die junge Frau an. Diese ließ sich aber nicht verunsichern.

„Also, ehrlich gesagt …"

„Vergessen Sie et!", unterbrach die Kommissarin die Verkäuferin und wandte sich brüsk ab.

Enkelkinder! Sie! Carola und Nicola waren noch viel zu jung für so etwas. Und sie selbst auch. Außerdem sah sie überhaupt nicht alt aus. Ü-ber-haupt nicht. Sie färbte sich sogar die Haare. Rot. Seit vielen Jahren schon.

Sie marschierte im Sturmschritt in Richtung der Aufzüge und versuchte, sich zu beruhigen. Unverschämtheit! Hier würde sie nix mehr kaufen, gar nix! Nit zu fassen!

Als der Fahrstuhl auf der Etage angehalten und die Tür sich geöffnet hatte, stieg sie mit Schwung ein, den ihr der Ärger verliehen hatte und – prallte zurück. Die Kabine war sehr voll und auch zwei Weihnachtsmänner standen ganz hinten an der Wand. Sie drängte sich durch die Kaufwütigen durch bis ganz nach hinten und zwischen die beiden rotgewandeten Männer, die ihr widerwillig Platz machten. Aber gegen die rheinische Urgewalt hatten sie keine Chance.

Der Aufzug setzte sich mit einem Ruck in Bewegung, sodass ein Junge – ungefähr sechs oder sieben Jahre alt – den Halt verlor und gegen einen der Weihnachtsmänner prallte. Dadurch verrutschte sein Mantel und gab den Blick frei auf eine – Pistole, die in einem Halfter an der Seite steckte. Es war nur ein Sekundenbruchteil gewesen, dann hatte der Mann seinen Mantel blitzschnell wieder zurechtgerückt und seinem Kompagnon über Williamsons Kopf hinweg einen warnenden Blick zugeworfen. Sie hatte ihn trotzdem registriert, genauso wie die Waffe, die nun wieder von dem roten Mantel bedeckt wurde.

Williamson stand schreckensstarr. Es wurde ihr heiß und kalt. Das konnte doch nit sein! Gleichzeitig wurde ihr bewusst, was sie irritiert hatte, als sie mit dem Weihnachtsmann in der Sportabteilung zusammengeprallt war. Sie hatte, als sie sich für einige Sekunden berührten, die Waffe an ihrer Seite gespürt, die er trug. Es war so absurd und gleichzeitig so vertraut gewesen, dass sie das, was sie gefühlt hatte, kannte, aber nicht einordnen konnte.

Die drängendste Frage aber war: Was ging hier vor? Es konnte kein Zufall sein, dass eine große Menge an Weihnachtsmännern das größte und bekannteste Kaufhaus der Stadt belagerte und – soweit Williamson das beurteilen konnte – sich in jeder Etage ausbreitete. Sie schätzte drei bis vier Mann pro Stockwerk, vielleicht aber auch mehr. Alle Männer hatte sie ja nicht sehen können, und gezählt hatte sie sie auch nicht. Vielleicht war es eine Bande, die womöglich einen Raub im Schilde führte, anders konnte sie es sich nicht erklären.

Der Aufzug hielt, ein Großteil der Menschen stieg aus, auch die beiden Weihnachtsmänner, von denen zumindest einer eine Pistole trug. Williamson ging davon aus, dass jeder der Männer bewaffnet war. Ihr Atem beschleunigte sich, das Kribbeln unterm Zwerchfell war so stark, dass sie sich den Bauch reiben musste. Sie stand immer noch wie erstarrt am selben Platz, schaute hoch und stellte fest: Sie befand sich im ersten Stock. Da kam Leben in sie. Sie hämmerte auf den Button fürs Erdgeschoss und wartete ungeduldig darauf, dass sich die Türen wieder schlossen.

Im Erdgeschoss angekommen, marschierte sie auf ihren kurzen Beinen den Schildern für „Information" nach, bis sie vor dem Tresen stand, hinter dem zwei Damen den Verirrten und Suchenden in Seelenruhe Auskunft gaben. Williamson wartete ungeduldig darauf, dass eine der Damen, die gerade einer anscheinend schon ein wenig verwirrten älteren Frau erklärte, wo die Parfumabteilung war, die sich auf derselben Etage befand, sie bemerkte. Sie musste sie bemerken, weil sie heftig mit den Armen ruderte.

„Herrjott, die is doch gleich hier um die Ecke", riss Williamson schließlich der Geduldsfaden und sie schob die zierliche ältere Dame zur Seite. „Entschuldigen Sie, aber ich hab et eilig, Gefahr is im Verzug!"

Die Angestellte des Kaufhauses hinter dem Tresen wollte protestieren, doch die ältere Dame hatte anscheinend begriffen, wo die gesuchte Abteilung zu finden war, denn sie schlug schnurstracks den richtigen Weg ein. Na also, ging doch!

„Hören Sie zu!“, schnaufte Williamson und zog ihren Polizeiausweis aus der Tasche. „Ich bin von der Kriminalpolizei. Ich habe eine Beobachtung gemacht, die von größter Wichtigkeit sein könnte. Haben Sie hier einen Kaufhausdetektiv?“

Die Dame, an die sie sich gewandt hatte, schaute indigniert, aber ihre Kollegin schien den Ernst der Lage erfasst zu haben. Sie warf einen eindringlichen Blick auf den Ausweis der Kommissarin, sah ihr in die Augen und sagte dann schlicht: „Kommen Sie mit!“

Sie führte Williamson an das hintere Ende der Etage. Dort befand sich eine unscheinbare Tür, auf die sie zuhielt. Die Kommissarin trippelte auf ihren kurzen Beinen hinter ihr her und schaute aufmerksam nach links und rechts. Was sie sah, waren – Weihnachtsmänner. Sie hatten sich auf der ganzen Etage ausgebreitet. Die Polizistin vermutete, dass es weit mehr als drei oder vier Männer pro Etage sein mussten. Sie schätzte, mindestens zehn. Herrjott, das musste eine groß angelegte Aktion sein, die enorme Koordination und Organisation erforderte. Sie brauchte den Kaufhausdetektiv und seine technischen Geräte, um sich einen Überblick zu verschaffen.

„Hier, bitte“, sagte die Dame von der Information und stieß die Tür auf. Williamson betrat einen dämmrigen Raum, in dem ein großer, in einem Halbkreis aufgebauter Schreibtisch stand, hinter dem eine Reihe von Monitoren an der Wand hing. Vor dem Schreibtisch saß ein korpulenter Mann, der Williamson an einen ungeliebten Kollegen erinnerte. Er hatte die Füße lässig auf dem Tisch abgelegt und mampfte aus einer Plastikschachtel Sushi. Unter normalen Umständen wäre Williamson das Wasser im Mund zusammengelaufen, denn sie liebte Sushi. Das hier waren aber keine normalen Umstände.

„Herr Tomken, hier ist eine ehemalige Kollegin von Ihnen“, stellte die Dame Williamson vor. War da ein süffisanter Unterton in ihrer Stimme? Sie mochte den Detektiv wohl nicht besonders.

Erschreckt sah der Mann auf und Williamson in die Augen. Dicke Tränensäcke prägten sein Gesicht. Er hielt mit dem Kauen inne, was ihm einen leicht dümmlichen Ausdruck verlieh, und erstarrte mitten in der Bewegung, sodass die Stäbchen, mit denen er das Sushi in den Mund geschoben hatte, in der Luft verharrten.

Immerhin kann er mit Stäbchen essen, dachte Williamson beiläufig. Da konnte er schon mehr als sie. Sie nahm aber an, dass es wohl das Einzige war, in dem er die Nase vorn hatte. Es musste einen Grund geben,

warum ein ehemaliger Polizist jetzt als Kaufhausdetektiv arbeitete.

Er nahm die Füße vom Tisch, stellte die Schachtel ab, stand auf und wischte sich die rechte Hand am Hosenbein ab, bevor er sie ihr entgegenstreckte. Williamson registrierte, dass er klein war, ungefähr so groß wie sie, dafür aber sehr breit.

So breit wie hoch, dachte sie und wäre unter normalen Umständen amüsiert.

„Jürgen Tomken, Kaufhausdetektiv", stellte er sich zackig vor. Die Dame von der Info prustete los, drehte sich um und verließ ohne ein weiteres Wort das Büro.

„Williamson, Kriminalhauptkommissarin", erwiderte Williamson nicht minder zackig und drückte den kleinen, dicken Mann zurück auf seinen Platz. Dann holte sie sich einen zweiten Stuhl heran, setzte sich ihm genau gegenüber und rückte mit ihrem Gesicht sehr nah an seines heran, sodass sie jede Pore seiner unreinen Haut erkennen konnte.

Forschend betrachtete sie ihn einen Moment und Jürgen Tomken wurde unter ihrem Blick immer unruhiger.

„Sie sind ein ehemaliger Kollege?", fragte sie schließlich, als sie einen Moment der Stille hatte vorbeiziehen lassen.

Jürgen Tomken nickte eifrig.

„Jawoll. Ich war Streifenpolizist, zweiundzwanzig Jahre auf der Straße."

„Aber jetz nit mehr!"

Er schüttelte den Kopf.

„Nein, jetzt nicht mehr. Hatte genug von dem Scheiß. War mir zu anstrengend. Hier", er machte eine ausholende Handbewegung, „habe ich meine Ruhe. Dann und wann ein kleiner Dieb, der ein bisschen Parfum mitgehen lassen will oder mal eine Handtasche oder einen Schal. Die wirklich teuren Sachen sind extra gesichert. Hier kann ich eine ruhige Kugel schieben."

Wieder fragte sich Williamson, was passiert war, dass er seine Arbeit als Polizist aufgegeben hatte oder hatte aufgeben müssen, aber dafür stand jetzt keine Zeit zur Verfügung.

„Wohl ein bisschen zu ruhig, Herr Tomken." Sie legte ihm eine Hand auf die Schulter. „Sie haben ihre Beobachtungsgabe eingebüßt bei der dicken, ruhigen Bowlingkugel, die Sie hier schieben."

Tomken riss die Augen auf, die, so sah Williamson jetzt, von einem blassen Blau waren. Wieder musste sie an einen gewissen Kollegen denken.

„Was meinen Sie?“, krächzte er. Ihm stand der Schweiß auf der Stirn. Williamson ruckte mit dem Kopf in Richtung der Bildschirme.

„Is Ihnen heute irgendwat aufgefallen?“

Jürgen Tomken folgte ihrem Blick.

„Heute? Nicht, dass ich wüsste. Also, ich meine … ehrlich gesagt … also nein …“

Williamson wechselte das Thema.

„Können Sie jedes Stockwerk einsehen?“

Eilfertig nickte Tomken mit dem Kopf.

„Und ob. Das ist neuester Standard. Ich habe auf jedes Stockwerk mehrere Perspektiven, somit kann ich es praktisch komplett überwachen kann.“

Die Kommissarin rückte noch ein wenig näher zu Tomken heran, sodass sie seinen unangenehmen Schweißgeruch wahrnehmen konnte. Er presste sich so sehr an die Rückenlehne, wodurch sein Bauch wie ein Ballon hervorstach.

„Un Ihnen is wirklich nix aufgefallen?“, wiederholte sie ihre Frage.

Heftig schüttelte Tomken mit dem Kopf.

„N-nein … worauf wollen Sie hinaus?“

Da riss Williamson der Geduldsfaden.

„Die Weihnachtsmänner, Herrjott! Haben Sie die vielen Weihnachtsmänner denn gar nit bemerkt?“

Der Detektiv schaute von ihr zu den Bildschirmen und wieder zu ihr, blankes Erstaunen im Gesicht.

„Die Weihnachtsmänner? Na ja, also … ich habe schon ein paar Weihnachtsmänner gesehen. Die sind bestimmt für eine Sonderaktion hier oder so. Ich werde nicht über alles informiert, was hier so abgeht, vor allem nicht in der Weihnachtszeit.“

„Ein paar Weihnachtsmänner? Ein paar?“, echote Williamson. Sie fasste es nicht. „Herr Tomken, Sie sind ehemaliger Polizist. Wo sind Ihre Instinkte geblieben? Das sind nicht nur ein paar Weihnachtsmänner, das sind Dutzende, auf jeder Etage mindestens zehn! Un sie sind bewaffnet!“

„Bewaffnet? Aber woher wissen Sie …?“

„Dat tut jetz nix zur Sache!“, unterbrach sie den Kaufhausdetektiv barsch. Sie drehte den Schreibtischstuhl mitsamt dem kleinen Mann zu den Bildschirmen.

„Hier, sehen Sie selbst! Während Sie hier Ihr Sushi gemampft haben, haben sich im ganzen Kaufhaus mindestens fünfzig von den Kerlen auf allen Etagen verteilt. Un jetz gucken wir zwei Hübschen, wie die sich verteilt haben. Ich bin davon überzeugt, dat et ein Muster gibt. Um dat zu erkennen, brauche ich Sie, Herr Tomken. Sie müssen nämlich die verdampten Bildschirme bedienen, dat kann ich nit!“

Da kam Leben in den kleinen, dicken Mann. Er nickte ihr kurz zu, wischte sich mit einem großen Taschentuch über die Stirn und bediente einige Regler und Knöpfe unterhalb der Bildschirme.

„Eine Muh, eine Mäh, eine Täterätätä …“, sang er. Williamson sah ihn entgeistert an, begriff dann aber, dass er nur seine Aufregung kompensieren musste. Dann schaute sie mit ihm zusammen konzentriert auf die Bildschirme.

„Sie bauen sich an den Kassen auf“, stellte sie leise fest und zeigte mit ihrem dicklichen Zeigefinger auf die Schirme.

„Sehen Sie – hier un hier!“

„Es kommen immer mehr“, sagte Tomken leise. „Sie verteilen sich auf allen Etagen.“

„Es sind immer zwei an den Kassen, einer links und einer rechts, dann noch jeweils einer links und rechts, die wahrscheinlich helfen.“ Während sich Williamsons Blick in die Kameras bohrte, zückte sie ihr Handy. „Die wollen die Kassen ausrauben. Jeweils zwei halten die Kassiererinnen un Kassierer in Schach, und die anderen beiden räumen alles leer. Wenn et nit so abartig wär, dann wär et genial.“

Während sie auf ihrem Mobilgerät herumhämmerte, fragte sie Tomken: „Wie viele Kassen sind auf jeder Etage un wie viele im Lebensmittelbereich?“

Auch da bauten sich die ersten Weihnachtsmänner hinter den Kassenbändern auf, aber sie waren noch nicht ganz bereit. Vielleicht hatten sie Glück und noch rechtzeitig die Zusammenhänge durchschaut.

Tomken sagte es ihr.

„Grifo!“, schrie sie ins Handy, als sich ihre Kollegin und beste Mitarbeiterin meldete. „Hören Sie zu! Folgendes …“

Sie hatten Glück. Die Polizei rückte in großer Stärke an und konnte zusammen mit dem SEK die kriminellen Weihnachtsmänner ohne Blutvergießen überwältigen. Glück hatten sie deshalb, weil wie ein Wunder der Besucherstrom am späteren Abend abflaute und daher niemand zu Schaden kam, weder die Kundinnen und Kunden noch die Mitarbeiterinnen und Mitarbeiter des Kaufhauses. Die wenigen Menschen, die sich noch im Gebäude aufhielten, konnten ohne großen Aufwand in Sicherheit gebracht werden.

Ein Weihnachtswunder, dachte Williamson erleichtert, als ihr Ingo Bruhns vom SEK grinsend entgegentrat und sie beglückwünschte, ebenso Grifo und Cohen.

Ihr Glück war auch, dass die Bande anscheinend auf das „Go" eines Bosses wartete, das noch nicht erfolgt war. Sie waren alle verkabelt. Wer hinter der groß angelegten und detailreichen Organisation steckte, wussten sie nicht. Noch nicht. Sie hofften darauf, dass einer der über fünfzig Kriminellen auspackte. Aber das würde die Zukunft zeigen.

„Wie haben Sie eigentlich bemerkt, dass sich die Weihnachtsmänner verdächtig benahmen?", fragte Oberkommissar Sascha Cohen seine Vorgesetzte.

„Wenn Sie wie ich so einer Inflation von Weihnachtsmännern begegnet wären, hätten sogar Sie, Herr Cohen, bemerkt, dat hier wat faul war!", entgegnete Williamson harsch, innerlich war sie aber über die Frage geschmeichelt.

„Klar, Chefin, logisch", murmelte der Oberkommissar, zog den Kopf ein und trottete davon.

Da bekam sie ein schlechtes Gewissen und beschloss, ihm auf jeden Fall ein Weihnachtsgeschenk zu besorgen, vielleicht ein … also eine … ähm … ihr würde schon etwas einfallen.

Ihre Töchter bekamen zu Weihnachten Gutscheine geschenkt.

Sie kauften sich davon im Internet ein Manga-Malset und Sportklamotten und gaben den Rest von ihrem eigenen Geld dazu.

Bernd-Karl freute sich wie Bolle über die Vogelreise nach Skandinavien und das Grillkochbuch und versprach, sobald es wieder wärmer wird, einige Gerichte daraus auszuprobieren.

Im Frühjahr fuhr er nach Norwegen, kam mit leuchtenden Augen zurück und spielte das mit dem Handy aufgenommene Vogelgezwitscher wieder und wieder ab.

Da beschloss Williamson, ihrem Mann zum Geburtstag Kopfhörer zu schenken.

Jürgen Tomken bekam eine Belobigung, die er mit stolzgeschwellter Brust entgegennahm.

Zwei Monate später trat er wieder in den Polizeidienst ein.

Der Kopf der Weihnachtsmannbande, wie sie schon bald in den Medien hieß, wurde nie gefasst.

Williamson bekam von ihrem Vorgesetzten einen Geschenkkorb mit verschiedenen Sorten von Schokoladenweihnachtsmännern überreicht.

Sie teilte die Weihnachtsmänner mit Grifo und Cohen und sparte sich so weitere Geschenke für die beiden.

Im Sommer fuhr Williamson mit Bernd-Karl in ihren Heimatort und besuchte die Schule ihrer Kindheit. Sie trat dreimal kräftig gegen das Lehrerpult, das immer noch unverändert dastand wie zu ihrer Schulzeit.

Das Whiteboard, das inzwischen installiert worden war, ignorierte sie.

Danach fühlte sie sich besser und ging mit Bernd-Karl ins beste Restaurant des Ortes.

Es gab Schnitzel mit Bratkartoffeln.

Das Leben war schön.

Frohe Weihnachten.

Im Verlag CW Niemeyer bereits erschienen ...

Wenn eisige Winter an der Küste von fliegenden Stiefeln und verlorenen Leichen flüstern, lockt das Licht einer warmen Teestube. Doch aufgepasst, dort warten nicht nur zärtliche Erinnerungen! In den tiefen Kellern Ostfrieslands lauern Geheimnisse aus alter Zeit. Sie erzählen von gefährlichen Tieren und diversen Verwechslungen. Wer aber glaubt, ein ordentlicher „Schluck“ könne den Spuk vertreiben, muss aufpassen, dass es ihn nicht erwischt.

Gaby Kaden.
Weihnachtsanektötchen – Spannende Geschichten aus Ostfriesland
96 Seiten. Hardcover. ISBN 978-3-8271-9359-9